Chemie heute S II

Arbeitsheft 2

Schroedel
westermann

Chemie heute – Sekundarbereich II

Arbeitsheft 2

Bearbeitet von:
Rosemarie Förster, Chemnitz
Dr. Martin Paech, Weipoltshausen
Brigitta Rieck, Leipzig
Jens Rickers, Ludwigsburg

Bildquellenverzeichnis:
|Biermann-Schickling, Birgitt, Hannover: 31.1, 40.1, 40.2, 41.1, 49.1, 49.2. |Getty Images, München: Titel. |Karnath, Brigitte, Wiesbaden: 11.3, 19.4, 34.5. |Keystone Pressedienst, Hamburg: Volkmar Schulz 52.4. |Lüddecke, Liselotte, Hannover: 25.1. |Mall, Karin, Berlin: 6.1, 8.1, 11.2, 11.4, 14.1, 14.5, 14.6, 15.1, 15.2, 18.1, 18.3, 18.4, 19.3, 19.5, 19.7, 19.8, 21.1, 21.2, 23.1, 24.1, 24.2, 25.2, 26.1, 28.6, 28.7, 28.8, 28.9, 28.10, 30.6, 30.7, 30.8, 30.9, 32.1, 32.2, 34.4, 34.6, 35.1, 36.3, 36.4, 36.5, 36.6, 37.1, 37.2, 38.1, 38.2, 42.1, 42.2, 43.1, 45.1, 47.8, 47.9, 47.10, 51.4, 51.5, 52.1, 54.1, 55.1, 55.2, 55.3, 56.1, 56.2, 57.1, 57.2, 58.1, 60.1, 60.2. |Minkus Images Fotodesignagentur, Isernhagen: 52.5. |newVISION! GmbH, Pattensen: 48.1. |Picture-Alliance GmbH, Frankfurt a.M.: 7.2. |Rickers, Jens, Ludwigsburg: 47.1, 53.1. |Schlierf, Birgit und Olaf, Lachendorf: 11.1, 14.2, 14.3, 14.4, 18.2, 19.1, 19.2, 19.6, 26.2, 28.1, 28.2, 28.3, 28.4, 28.5, 30.1, 30.2, 30.3, 30.4, 30.5, 34.1, 34.2, 34.3, 36.1, 36.2, 47.2, 47.3, 47.4, 47.5, 47.6, 47.7, 51.1, 51.2, 51.3. |Science Photo Library, München: SPL 7.1; Watson / SPL 52.2. |Simper, Manfred, Wennigsen: 20.1. |Stills-Online Bildagentur, Schwerin: 20.2; Stills-Online Bildagentur 52.7. |Tegen, Hans, Hambühren: 52.3. |vario images, Bonn: 52.6. |Werbefotografie Weiss GmbH, Gersthofen: 52.8. |Zemann, Dr. Winfried, Hannover: Titel.

Druck A^8 / Jahr 2025
Alle Drucke der Serie A sind im Unterricht parallel verwendbar.

Die Seiten dieses Produkts bestehen zu 100 % aus Altpapier.

Damit tragen wir dazu bei, dass Wald geschützt wird, Ressourcen geschont werden und der Einsatz von Chemikalien reduziert wird. Die Produktion eines Klassensatzes unserer Arbeitshefte aus reinem Altpapier spart durchschnittlich 12 Kilogramm Holz und 178 Liter Wasser, sie vermeidet 7 Kilogramm Abfall und reduziert den Ausstoß von Kohlendioxid im Vergleich zu einem Klassensatz aus Frischfaserpapier. Unser Recyclingpapier ist nach den Richtlinien des Blauen Engels zertifiziert.

Redaktion: Dr. Mario Puchner
Grafik: Birgitt Biermann-Schickling, Brigitte Karnath, Liselotte Lüddecke, Karin Mall, newVISION! GmbH, Birgit und Olaf Schlierf, Dr. Winfried Zemann
Satz: Beltz Bad Langensalza GmbH, Bad Langensalza
Druck und Bindung: Westermann Druck GmbH, Georg-Westermann-Allee 66, 38104 Braunschweig

ISBN 978-3-507-**10660**-4

Inhaltsverzeichnis

Themenfeld III:
Strukturaufklärung

Säure/Base-Reaktionen

In der Chemie spielen Reaktionen von Säuren oder von Basen eine große Rolle. An vielen Reaktionen sind sogar Säuren *und* Basen beteiligt.

1. Die Verwendung des Begriffs *Säure* ist nicht immer eindeutig: In der Chemie bezeichnet man manchmal damit einen Reinstoff, ein anderes Mal hingegen eine saure Lösung.

a) Nennen Sie Beispiele für Säuren, die als Reinstoffe vorkommen.

b) Erläutern Sie, warum es einen Reinstoff „Salzsäure" nicht gibt.

2. Nennen Sie einige Eigenschaften von sauren Lösungen. Geben Sie an, worauf diese Eigenschaften zurückzuführen sind.

3. Auch alkalische Lösungen zeigen eine Reihe gemeinsamer Eigenschaften. Nennen Sie einige Beispiele und geben Sie an, welche Teilchen dafür verantwortlich sind.

4. In einem Lehrbuch wird der Zusammenhang zwischen Laugen und Basen mit nebenstehender Grafik illustriert. Erläutern Sie an selbst gewählten Beispielen den Zusammenhang zwischen Laugen und Basen.

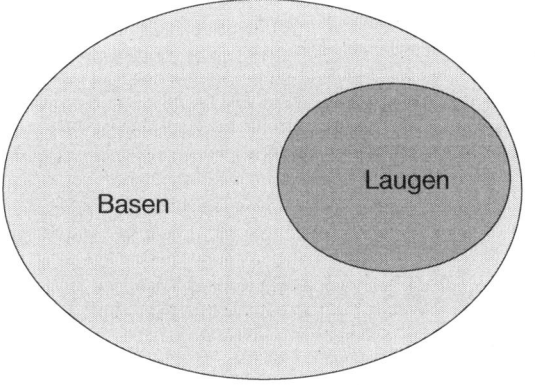

Chemie heute S II

Säure/Base-Theorie nach BRÖNSTED – Protolyse

Bei einem Experiment wird ein Glasrohr mit zwei Stopfen verschlossen. An der Innenseite der Stopfen befinden sich Wattebäusche, von denen einer mit verdünnter Salzsäure und der andere mit Ammoniak-Lösung getränkt wurde. Nach einiger Zeit beobachtet man im Glasrohr die Bildung eines weißen Feststoffs.

Wattebausch
in konzentrierter
Salzsäure getränkt

weißer
Feststoff

Wattebausch in konzen-
trierter Ammoniak-
Lösung getränkt

1. Erklären Sie die ablaufenden Vorgänge unter Zuhilfenahme der Säure/Base-Theorie nach BRÖNSTED. Stellen Sie die Reaktionsgleichungen auf und geben Sie die korrespondierenden Säure/Base-Paare an.

_____

_____

_____

2. Beim Aufstellen von Reaktionsgleichungen formuliert man zunächst die Teilgleichungen für die Protonenabgabe, danach für die Protonenaufnahme. Die Gleichungen dieser korrespondierenden Säure/Base-Paare fasst man zum Säure/Base-Gleichgewicht zusammen. Stellen Sie die Gleichungen für folgende Beispiele auf.

saure Reaktion von Schwefelsäure (1. Protolysest.)	basische Reaktion von Ammoniak
H_2SO_4 $\rightleftharpoons$ $H_2O + H^+$ $\rightleftharpoons$ $\rightleftharpoons$	H_2O $\rightleftharpoons$ $NH_3 + H^+$ $\rightleftharpoons$ $\rightleftharpoons$
saure Reaktion von Essigsäure	**basische Reaktion von Natriummethanat**
HAc $\rightleftharpoons$ $\rightleftharpoons$ $\rightleftharpoons$	$\rightleftharpoons$ $HCOO^-$ $\rightleftharpoons$ $\rightleftharpoons$

3. a) Formulieren Sie die Gleichungen für die beiden korrespondierenden Säure/Base-Paare für die Autoprotolyse von Wasser und geben Sie an, welches Teilchen als Säure und welches als Base fungiert. Erklären Sie am Beispiel Wasser den Begriff _Ampholyt_.

$\rightleftharpoons$	$\rightleftharpoons$

b) Formulieren Sie die Reaktionsgleichung für die Autoprotolyse von Wasser und stellen Sie das MWG sowie die Größengleichung für das Ionenprodukt des Wassers auf.

$\rightleftharpoons$

$K_c =$

$K_W =$ $=$ $mol^2 \cdot l^{-2}$

c) Erläutern Sie in Ihrem Hefter, wie sich K_W bei Temperaturerhöhung verändert.
Hinweis: Für die Neutralisation wurde eine Reaktionsenthalpie von $\Delta_r H = -56{,}1 \ kJ \cdot mol^{-1}$ ermittelt.

Chemie heute S II

ARRHENIUS und BRÖNSTED – Vergleich der Theorien

Svante August ARRHENIUS (1859–1927)

Säuren sind Stoffe, die in Wasser unter Abgabe von H^+-Ionen dissoziieren.
Basen sind Stoffe, die in Wasser unter Abgabe von OH^--Ionen dissoziieren.
ARRHENIUS-Theorie (1884)

Johannes Nicolaus BRÖNSTED (1879–1947)

Säuren sind Teilchen, die Protonen (H^+-Ionen) abgeben können.
Basen sind Teilchen, die Protonen (H^+-Ionen) aufnehmen können.
BRÖNSTED-Theorie (1923)

1. Löst man Chlorwasserstoff oder Natriumhydroxid in Wasser, so steigt die elektrische Leitfähigkeit stark an. Erklären Sie dieses Phänomen nach ARRHENIUS und nach BRÖNSTED und stellen Sie die Reaktionsgleichungen dazu auf.

Nach ARRHENIUS … _____

_____

_____

_____

Nach BRÖNSTED … _____

_____

_____

_____

2. Insgesamt ist die BRÖNSTEDsche Theorie wesentlich umfassender als die Säure/Base-Theorie nach ARRHENIUS. Erläutern Sie diese Aussage anhand der folgenden Beispiele.
a) Ammoniak reagiert basisch.

_____

_____

_____

b) Zinkchlorid-Lösung reagiert sauer.

_____

_____

_____

Fachwissenschaftliche Inhalte lassen sich mithilfe sogenannter Basiskonzepte strukturieren. Zu diesen Strukturierungsmerkmalen zählt auch das Donator/Akzeptor-Konzept, mit dem sich Säure/Base-Reaktionen und Redoxreaktionen auf der Teilchenebene beschreiben lassen. Trotz der stofflichen Vielfalt und Unterschiede laufen diese Reaktionen nach einem einheitlichen Muster ab, das sich mit einem Staffellauf vergleichen lässt. Treffen zwei Läufer aufeinander, so übergibt ein Läufer den Staffelstab an den anderen.

Staffelstab-Donator

Staffelstab-Akzeptor

Bei Säure/Base-Reaktionen finden Protonenübergänge statt, bei denen eine Säure ein Proton an eine Base abgibt. Das protonenabgebende Teilchen wird dabei als Donator bezeichnet, das protonenaufnehmende entsprechend als Akzeptor.

Bei Redoxreaktionen laufen Elektronenübergänge ab. Ein Reduktionsmittel fungiert dabei als Elektronendonor, ein Oxidationsmittel entsprechend als Elektronenakzeptor. Für beide Reaktionstypen ist es wichtig, dass sich die Teilchen berühren, da freie Protonen als auch freie Elektronen in wässrigen Lösungen nicht bekannt sind.

1. Ermitteln und ergänzen Sie die fehlenden Angaben in der Tabelle.

Säure/Base-Reaktion	Redoxreaktion
Art der übertragenen Teilchen	
korrespondierende Paare *Beispiele*	
Donator	
Teilreaktion: Donatorreaktion *Beispiele*	
Akzeptor	
Teilreaktion: Akzeptorreaktion	
Donator/Akzeptor-Reaktion *Beispiele*	
Quantitative Beschreibung	
Konzentrationsabhängigkeit	
pH =	$U_\mathrm{H} =$

Chemie heute S II

Saure und alkalische Lösungen im Alltag

1. a) Saure WC-Reiniger enthalten häufig Natriumhydrogensulfat und Citronensäure. Wichtige Inhaltstoffe alkalischer Sanitärreiniger Natriumhypochlorit ($NaClO$) und Natriumchlorid. Geben Sie für beiden Arten von WC-Reinigern an, welche Teilchen in der wässrigen Lösung jeweils vorliegen.

b) Bei gleichzeitigem Einsatz beider Sanitärreiniger entsteht ein giftiges Gas. Stellen Sie die Reaktionsgleichung auf.

2. Eine Mineralwasserflasche wird geöffnet. Geben Sie die hierbei ablaufende chemische Reaktion an. Erklären Sie, ob diese Reaktion exotherm oder endotherm ist. Erläutern Sie, warum eine Mineralwasserflasche nicht in die Sonne gelegt werden darf.

3. An Tauchsiedern und in Kaffeemaschinen setzt sich vor allem in Gegenden mit hartem Wasser oft Kalkstein ab. Um die Funktionstüchtigkeit solcher Geräte zu gewährleisten, muss in gewissen Abständen entkalkt werden. Dazu kann Speiseessig verwendet werden.
a) Entwickeln Sie die Reaktionsgleichung für die Zersetzung des Kalksteins.

b) Der verwendete Speiseessig hat eine Essigsäure-Konzentration von $c = 0{,}9 \text{ mol} \cdot l^{-1}$. Berechnen Sie den pH-Wert.

c) Nach dem Entkalken eines Tauchsieders mit einem Liter Essigsäure der Konzentration $c = 0{,}9 \text{ mol} \cdot l^{-1}$ wird ein pH-Wert von 3,8 gemessen. Berechnen Sie die Konzentration des Essigs nach dem Entkalken. Ermitteln Sie die Masse an gelöstem Calciumcarbonat.

pH-Wertberechnungen

1. Ermitteln Sie die fehlenden Angaben und vervollständigen Sie folgende Tabelle.

$\dfrac{c\,(H_3O^+)}{mol \cdot l^{-1}}$	1	10^{-1}	10^{-2}	10^{-3}										
$\dfrac{c\,(OH^-)}{mol \cdot l^{-1}}$					10^{-10}	10^{-9}	10^{-8}				10^{-4}	10^{-3}	10^{-2}	
pH-Wert								7	8	9				
pOH-Wert													1	0
Reaktion der Lösung														

2. Für starke Säuren und Basen gilt: $c\,(H_3O^+) = c_0\,(Säure)$; $c\,(OH^-) = c_0\,(Base)$.
Berechnen Sie die gesuchten Größen.

Ausgangskonzentration von Säure bzw. Base	$\dfrac{c\,(H_3O^+)}{mol \cdot l^{-1}}$	$\dfrac{c\,(OH^-)}{mol \cdot l^{-1}}$	pH-Wert	pOH-Wert
$c_0\,(HCl) = 5 \cdot 10^{-2}\ mol \cdot l^{-1}$				
$c_0\,(NaOH) = 2 \cdot 10^{-1}\ mol \cdot l^{-1}$				

3. Formulieren Sie das MWG für die Protolysegleichgewichte von Ethansäure (Essigsäure) und von Ammoniakwasser. Leiten Sie die Größengleichungen zur Berechnung von Hydronium-Ionen (H_3O^+) und Hydroxid-Ionen für schwache Säuren und Basen ab.

$K_S\,(HAc) =$ _____

$c\,(H_3O^+) =$ _____ , $c_0\,(HAc) =$ _____

$K_S =$ _____ , $c\,(H_3O^+) =$ _____

$K_B\,(NH_3 \cdot H_2O) =$ _____

$c\,(OH^-) =$ _____ , $c_0\,(NH_3 \cdot H_2O) =$ _____

$K_B =$ _____ , $c\,(OH^-) =$ _____

4. Geben Sie die Säure- bzw. Basekonstante an und berechnen Sie die gesuchten Größen. Die Ausgangskonzentration beträgt jeweils $c_0 = 1 \cdot 10^{-2}\ mol \cdot l^{-1}$.

Säure bzw. Base	$\dfrac{K_S \text{ bzw. } K_B}{mol \cdot l^{-1}}$	$\dfrac{c\,(H_3O^+)}{mol \cdot l^{-1}}$	$\dfrac{c\,(OH^-)}{mol \cdot l^{-1}}$	pH-Wert
CH_3COOH (aq)				
$NH_3 \cdot H_2O$ (aq)				
Na_2CO_3 (aq)				
$FeCl_3$ (aq)				

Chemie heute S II

pH-Wertbestimmung

Durch Messen des pH-Werts wird festgestellt, ob eine wässrige Lösung sauer, neutral oder basisch reagiert. Die pH-Messung kann mittels Indikator (Universalindikator-Lösung oder Universalindikator-Papier) sowie mit einer pH-Elektrode oder einem pH-Meter durchgeführt werden.

Versuch: Messen von pH-Werten

  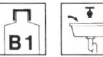

Materialien: Reagenzgläser, Becherglas (100 ml), Pipetten, pH-Elektrode oder pH-Meter; verdünnte wässrige Lösungen folgender Stoffe: Milch, Mineralwasser, Zitronensaft, Essig, Backofenreiniger, Geschirrspülmittel, Seifenlösung, Apfelsaft, Salmiak, Regenwasser, Natriumhydroxid-Lösung (**5**, 1 mol · l^{-1}), Salzsäure (**5**, 1 mol · l^{-1}),
Salzlösungen der Konzentration 0,1 mol · l^{-1}: Kaliumsulfat, Natriumacetat, Ammoniumchlorid,
Salzlösungen der Konzentration 0,01 mol · l^{-1}: Aluminiumchlorid, Natriumhydrogencarbonat.

Durchführung:
1. Messen Sie die pH-Werte aller wässrigen Lösungen mit dem pH-Messgerät.
2. Geben Sie in das Becherglas 40 ml Aluminiumchlorid-Lösung und messen Sie den pH-Wert. Versetzen Sie die Lösung anschließend mit 40 ml Natriumhydrogencarbonat-Lösung und messen Sie erneut den pH-Wert.

Auswertung:
a) Notieren Sie die gemessenen pH-Werte.

Stoff	pH-Wert	Stoff	pH-Wert	Stoff	pH-Wert
Milch		Backofenreiniger		Salmiak	
Mineralwasser		Geschirrspüler		Regenwasser	
Zitronensaft		Seifenlösung		Natronlauge (1 mol · l^{-1})	
Essig		Apfelsaft		Salzsäure (1 mol · l^{-1})	

Stoff	pH-Wert	Stoff	pH-Wert	Stoff	pH-Wert
Kaliumsulfat		Natriumacetat		Ammoniumchlorid	

Stoff	pH-Wert	Stoffgemisch	pH-Wert
Aluminiumchlorid		Aluminiumchlorid + Natriumhydrogencarbonat	

b) Erläutern Sie im Fall von Natriumacetat, Ammoniumchlorid und Aluminiumchlorid die gemessenen pH-Werte mit Hilfe von Reaktionsgleichungen für die Säure/Base-Gleichgewichte.

c) Stellen Sie die Reaktionsgleichung für die Reaktion von Aluminiumchlorid-Lösung mit Natriumhydrogencarbonat-Lösung auf.

K-Werte im Überblick

1. Salzsäure und Essigsäure gleicher Konzentration haben deutlich unterschiedliche pH-Werte. Erklären Sie diesen Sachverhalt.

_____

_____

_____

_____

2. Vergleichen Sie allgemein die K_S und pK_S-Werte sowie die K_B und pK_B-Werte.

_____

_____

_____

3. Füllen Sie die folgende Tabelle aus.

	K_W	K_S	K_B
1. Geben Sie die Bedeutung der Konstanten an.			
2. Formulieren Sie die Reaktionsgleichungen in Ionenschreibweise.	$2 H_2O \rightleftharpoons$	$HCl + H_2O \rightleftharpoons$	$NH_3 + H_2O \rightleftharpoons$
3. Verallgemeinern Sie die unter 2. formulierten Reaktionsgleichungen.	–	$HA + H_2O \rightleftharpoons$	$B + H_2O \rightleftharpoons$
4. Setzen Sie die unter 3. formulierten Gleichungen ins MWG ein.	$K = \dfrac{c(H_3O^+) \cdot c(OH^-)}{c^2(H_2O)}$	$K = \underline{\hphantom{xxxxx}}$	$K = \underline{\hphantom{xxxxx}}$
5. Welche Größen werden als Konstanten betrachtet und in K einbezogen?			
6. Welche Größengleichungen ergeben sich daraus?		$= \underline{\hphantom{xxxxx}}$	
7. Geben Sie an, wann folgende Voraussetzungen gelten.	$c(H_3O^+) = c(OH^-)$	$c_0(HA) = c(H_3O^+)$	$c_0(B) = c(OH^-)$
	$c(H_3O^+) > c(OH^-)$	$c_0(HA) \sim c(HA)$	$c_0(B) \sim c(B)$
8. Geben Sie an, was aus folgenden Zahlenwerten der Konstanten über die Eigenschaften der Stoffe abgeleitet werden kann.	$K_W = 1,0 \cdot 10^{-14} \text{ mol}^2 \cdot l^{-2}$	$K_S = 1,0 \cdot 10^{-3} \text{ mol} \cdot l^{-1}$	$K_B = 1,8 \cdot 10^{-5} \text{ mol}^3 \cdot l^{-3}$
	$c(H_3O^+) = 10^{-7} \text{ mol} \cdot l^{-1}$	$K_S = 1,2 \cdot 10^{-7} \text{ mol} \cdot l^{-1}$	$c(OH^-) = 5 \cdot 10^{-4} \text{ mol} \cdot l^{-1}$

Chemie heute S II

© 2010 Schroedel, Braunschweig

pH =

Kaliumsulfat-
Lösung

$c = 0,01 \ mol \cdot l^{-1}$

pH =

Natriumacetat-
Lösung

$c = 0,01 \ mol \cdot l^{-1}$

pH =

Ammonium-
chlorid-Lösung

$c = 0,01 \ mol \cdot l^{-1}$

Natriumhydrogen-
carbonat-Lösung

Aluminium-
chlorid-Lösung

$c = 0,1 \ mol \cdot l^{-1}$

1. a) Ordnen Sie folgende pH-Werte den gegebenen Salzlösungen zu: pH = 5,6; pH = 7,0 und pH = 8,4.

b) Begründen Sie Ihre Entscheidung durch das Aufstellen von Reaktionsgleichungen (Korrespondierende Säure/Base-Paare und Säure/Base-Gleichgewicht).

c) Überprüfen Sie die angegebenen pH-Werte rechnerisch.

2. a) Berechnen Sie den pH-Wert einer Aluminiumchlorid-Lösung der Konzentration $c = 0,1 \ mol \cdot l^{-1}$.

b) Nach Zugabe von Natriumhydrogencarbonat-Lösung ist eine Gasentwicklung festzustellen. Außerdem ändert sich der pH-Wert der Lösung. Erklären Sie die ablaufenden Reaktionen mit Hilfe von Reaktionsgleichungen.

Pufferlösungen

Versuch: Herstellung und Wirkung eines sauren Puffers

Materialien: graduierte Reagenzgläser, kleine Stopfen, Pipetten, Spatel;
Ethansäure (verd.; **7**), Natriumacetat, Salzsäure (verd.;**7**), Natriumhydroxid-Lösung (verd.; **5**), Universalindikator-Lösung (**2, 7**).

Durchführung:

1. Geben Sie in das erste Reagenzglas 2 ml und in das zweite Reagenzglas 6 ml verdünnte Ethansäure und messen Sie den pH-Wert.

2. Das erste Reagenzglas dient als Vergleichslösung. Im zweiten Reagenzglas lösen Sie so viel Natriumacetat, bis eine deutliche Änderung des pH-Werts sichtbar wird.

3. Das Gemisch Ethansäure/Natriumacetat wird Pufferlösung genannt. Je 2 ml dieser Pufferlösung füllen Sie in die Reagenzgläser 3 und 4. Der Rest dient als Vergleichslösung.

4. Geben Sie zur Lösung in Reagenzglas 3 zwei Tropfen verdünnte Salzsäure, zur Lösung in Reagenzglas 4 zwei Tropfen verdünnte Natriumhydroxid-Lösung.

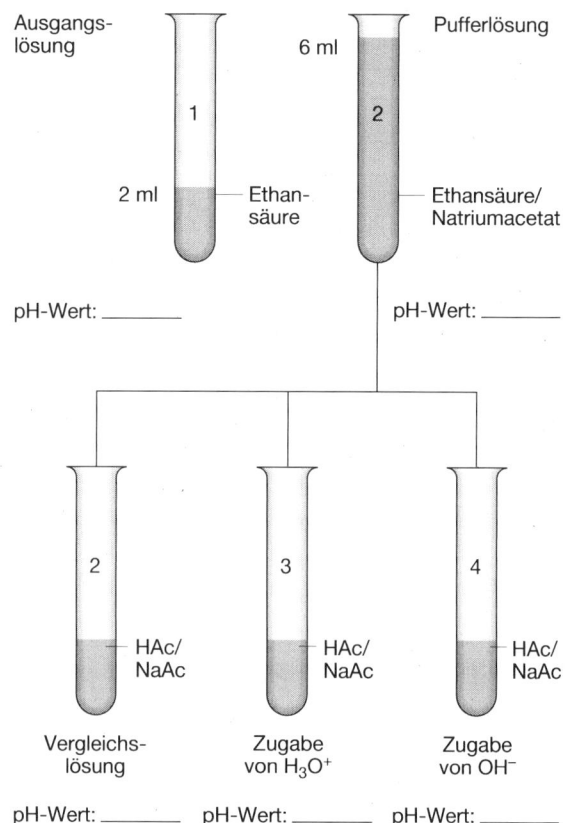

Auswertung:

a) Tragen Sie die gemessenen pH-Werte in die Abbildung ein.

b) Erklären Sie unter Einbeziehung des Massenwirkungsgesetzes die chemischen Vorgänge, die zur Entstehung der Pufferlösung führen.

$$K_S(HAc) = \underline{\hspace{6cm}}$$

c) Erklären Sie anhand von Reaktionsgleichungen die Vorgänge, die bei der Zugabe von Hydronium-Ionen und Hydroxid-Ionen in der Pufferlösung ablaufen. Verallgemeinern Sie.

d) Beschreiben Sie in Ihrem Hefter die praktische Bedeutung von Pufferlösungen.

Chemie heute S II

© 2010 Schroedel, Braunschweig

Pufferlösungen und Titrationskurven

Puffersysteme kann man auf zwei Arten herstellen. Entweder auf direktem Wege durch Mischen zweier Stoffe oder durch die gezielte Titration bis zum Halbäquivalenzpunkt.

1. Erläutern Sie die Entstehung eines Puffersystems aus Ammoniak und Ammoniumchlorid und erläutern Sie ferner die Pufferwirkung bei der Zugabe von Säure beziehungsweise von Base.

_____

_____

_____

_____

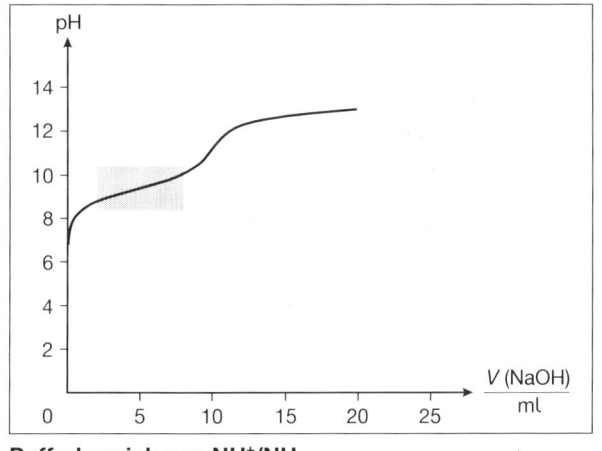

Pufferbereich von NH_4^+/NH_3
(pK_S = 9,37)

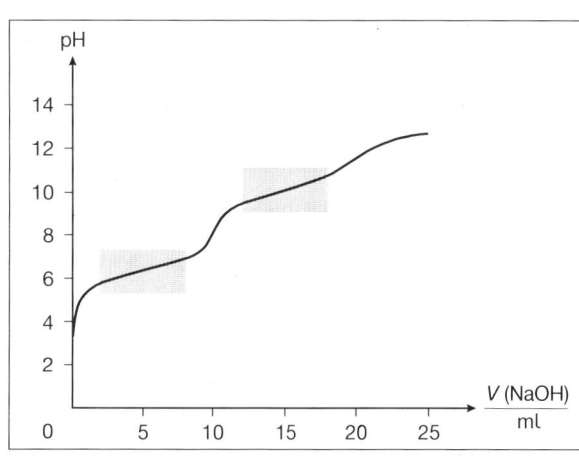

Pufferbereiche von $H_2O + CO_2/HCO_3^-/CO_3^{2-}$
(pK_{S1} = 6,3; pK_{S2} = 10,1)

2. a) Markieren Sie in den Titrationskurven die Stellen, an denen gilt: $pH = pK_S$
b) Fällen Sie von diesen Punkten aus das Lot auf die x-Achse.
c) Wie ist das Protolyse-System an diesen Stellen zusammengesetzt?

_____

_____

_____

3. Erläutern Sie, woran man allgemein Pufferbereiche in Titrationskurven erkennt.

_____

_____

_____

_____

$[H_3O^+]$	$7 \cdot 10^{-8}$	$5 \cdot 10^{-8}$		$3 \cdot 10^{-8}$	$2 \cdot 10^{-8}$ in mol $\cdot$ l^{-1}
pH	7,2		7,4	7,6	
		Acidose		Alkalose	

1. Das menschliche Blut hat einen nahezu konstanten pH-Wert von 7,4. Schwankungen um eine halbe pH-Einheit können lebensbedrohlich sein. Weicht der pH-Wert des Blutes nach unten ab, spricht man von *Acidose*. Eine Abweichung nach oben wird als *Alkalose* bezeichnet. Nennen Sie die drei wesentlichen Puffersysteme des Blutes und geben Sie die entsprechende Reaktionsgleichung für das Puffer-Gleichgewicht an.

2. Begründen Sie die Notwendigkeit eines konstanten Blut-pH-Werts und nennen Sie einige Quellen für einen Säureeintrag oder Baseeintrag in das Blut.

3. Beschreiben Sie die Wirkung des Blutpuffersystems mit der größten Pufferkapazität.

4. Berechnen Sie das Konzentrationsverhältnis von Hydrogencarbonat und Kohlensäure im Blut eines erschöpften Triathleten mit einem pH-Wert von 7,2. Berechnen Sie zum Vergleich auch das Konzentrationsverhältnis beim Normalwert von 7,4. (pK_S (H$_2$CO$_3$/Blut) = 6,1)

5. Angst, Aufregung, Stress, Panik und andere Ursachen können bei manchen Menschen eine Hyperventilation auslösen. Hyperventilation ist eine unnatürlich hohe Steigerung der Atemfrequenz. Dabei kommt es zur verstärkten CO$_2$-Abatmung. Erläutern Sie die Folgen dieser verstärkten Atmung und beschreiben Sie die Wirkung der sogenannten „Tütenatmung" als Maßnahme der 1. Hilfe. Nutzen Sie Ihren Hefter.

Chemie heute S II

Säure/Base-Indikatoren

Der Name Indikator ist aus dem lateinischen abgeleitet (*indicare* = anzeigen). Säure/Base-Indikatoren sind organische Farbstoffe. Es handelt sich im Allgemeinen um schwache Säuren, die sich in der Farbe von ihren korrespondierenden Basen unterscheiden. Das vorliegende Protolysegleichgewicht ist pH-Wert-abhängig. Für den Indikator Methylorange gilt:

Strukturformel:

Farbe:		rot (Säure)	Mischfarbe	orangegelb (Base)
pH-Wert	·	<3,1	3,1–4,4	>4,4
abgekürzte Schreibweise:		HIn (l)	$\rightleftharpoons$	H^+(aq) + In^-(aq)

1. Markieren Sie in der Strukturformel für den Säure/Base-Indikator Methylorange jenes Proton, das beim Übergang von der Säure in die korrespondierende Base übertragen wird.

2. Erklären Sie das Messprinzip des Säure/Base-Indikators Methylorange bei Zugabe von
a) Hydronium-Ionen und

_____

_____

b) von Hydroxid-Ionen.

_____

_____

_____

3. Formulieren Sie für Indikatoren in allgemeiner Schreibweise die Gleichung für die korrespondierenden Säure/Base-Paare und das Säure/Base-Gleichgewicht.

_____

_____

4. Charakterisieren Sie die Funktionsweise eines Universalindikators.

_____

_____

_____

_____

5. Erklären Sie in Ihrem Hefter, wie die pH-Wert-Bestimmung mit einer pH-Elektrode beziehungsweise mit einem pH-Meter funktioniert.

Neutralisationsanalyse

Versuch: Bestimmung des Säuregehalts in Nahrungsmitteln durch Titration

Materialien: Bürette, Vollpipetten (25 ml), Mess-pipetten (2 ml), Pipettierball, Erlenmeyerkolben (200–300 ml); Natronlauge ($c = 0,1$ mol $\cdot$ l^{-1}; **7**), Weißwein, Essig, Zitronensaft, Indikator-Lösung.

Durchführung:

1. Füllen Sie die Bürette blasenfrei mit der Maß-lösung.
2. Geben Sie in die Erlenmeyerkolben mittels Voll-pipette 25 ml Weißwein. Fügen Sie vier Tropfen eines geeigneten Indikators zu.
3. Titrieren Sie den Wein bis zum Äquivalenzpunkt und wiederholen Sie diese Titration mindestens drei mal.
4. Wiederholen Sie den Versuch mit 2 ml Essig und mit 2 ml Zitronensaft. Verdünnen Sie die Lösungen im Erlenmeyerkolben jeweils mit etwa 20 ml Wasser.

Bürette mit Maßlösung

Vorlage

Auswertung: a) Tragen Sie alle Messwerte in die Tabelle ein und bilden Sie für die einzelnen Bestimmungen die Mittelwerte für den Verbrauch an Maßlösung.

	Titration: Weißwein			Titration: Essig			Titration: Zitronensaft		
	1.	2.	3.	1.	2.	3.	1.	2.	3.
Bürettenstand vor der Titration in ml									
Bürettenstand in ml nach der Titration									
Verbrauch der Maßlösung in ml									
Mittelwert in ml									
c(Säure)									
pH-Wert (Säure)									
m (Säure) pro Liter Lösung									

b) Stellen Sie für folgende Größen einer Neutralisationsanalyse die Gleichungen auf und tragen Sie die Werte für die berechneten Größen in die Tabelle ein.

a) Konzentration der Säure	**b)** pH-Wert der Säure-Lösung
c(Säure) = ———————	pH = c(H$_3$O$^+$) =
c) Masse der Säure pro Liter Lösung	m (Säure) =

Chemie heute S II

© 2010 Schroedel, Braunschweig

Nachweisreaktionen

Der Nachweis von Ammonium-Ionen und Carbonat-Ionen ist jeweils mit einer Säure/Base-Reaktion nach BRÖNSTED verbunden. Bestätigen Sie diese Aussage durch die folgenden Versuche.

Versuch 1: Nachweis von Ammonium-Ionen

Materialien: zwei Uhrgläser, Spatel, Glasstab; Ammoniumchlorid (7), Ammoniumsulfat, Natronlauge (verd., 5), Salzsäure (konz.; 5), Universalindikator-Papier.

Durchführung:
1. Geben Sie eine Spatelspitze Ammoniumchlorid auf ein Uhrglas.
2. Feuchten Sie einen Streifen Universalindikator-Papier mit Wasser an und kleben Sie ihn auf die Innenseite des anderen Uhrglases.
3. Geben Sie einige Tropfen Natronlauge zum Ammoniumchlorid und decken Sie mit dem anderen Uhrglas ab.
4. Geben Sie eine Spatelspitze Ammoniumsulfat in ein Reagenzglas und tropfen Sie Natronlauge dazu.
5. Halten Sie über die Reagenzglasöffnung den Glasstab, den Sie vorher in die Salzsäure getaucht haben.

Aufgaben:
a) Notieren und deuten Sie Ihre Beobachtungen.

_____

_____

_____

b) Geben Sie die Reaktionsgleichungen für alle ablaufenden Reaktionen an. Begründen Sie den Reaktionstyp.

_____

_____

_____

_____

_____

_____

Versuch 2: Nachweis von Carbonat-Ionen

Materialien: Tropfpipetten; Natriumcarbonat-Lösung, Salzsäure (verd.; 7), Bariumchlorid-Lösung (7).

Durchführung:
1. Geben Sie in ein Reagenzglas etwa ein Drittel Natriumcarbonat-Lösung.
2. Tropfen Sie zuerst Salzsäure zur Carbonat-Lösung. Wenn die Reaktion beendet ist, geben Sie anschließend Bariumchlorid-Lösung zu.
3. Wiederholen Sie den Versuch, wobei Sie zuerst die Bariumchlorid-Lösung und anschließend die Salzsäure zutropfen.

Aufgaben:
a) Notieren und deuten Sie Ihre Beobachtungen.

_____

_____

_____

b) Geben Sie die Reaktionsgleichungen für die Reaktionen an, die nacheinander ablaufen. Bestimmen Sie den Reaktionstyp und geben Sie die korrespondierenden Paare für die Protolyse an.

_____

_____

_____

_____

_____

_____

Backtriebmittel

Auf den Etiketten von Lebensmittelverpackungen werden häufig hinter E-Nummern verborgen Lebensmittelzusatzstoffe aufgelistet. Bei vielen Backwaren findet man auf der Zutatenliste Backtriebmittel wie Natriumhydrogencarbonat (E405) oder das als Hirschhornsalz bekannte Ammoniumhydrogencarbonat (E503). Backtriebmittel entfalten ihre Wirkung bei Temperaturen oberhalb von 60 °C. Durch Gasbildung wird das Gebäck gelockert und somit verfeinert. Daneben sind meist noch Säuerungsmittel wie Zitronensäure, Weinsäure oder Weinstein enthalten.

1. Erklären Sie die ablaufenden Vorgänge unter Zuhilfenahme der Säure/Base-Reaktionen anhand von Gleichungen.

2. Entwickeln Sie einen Plan zum Nachweis der entstehenden Gase. Beschreiben Sie geeignete Experimente und geben Sie entsprechende Reaktionsgleichungen für die Nachweise an.

3. Bei Zugabe von Wasser zu säuerungsmittelhaltigen Backtriebmitteln beobachtet man bereits bei Raumtemperatur eine Gasentwicklung. Erläutern Sie die Funktion von Säuerungsmittel. Geben Sie mögliche Vorteile an.

Chemie heute S II

Leitfähigkeitstitration

Vergleicht man die elektrische Leitfähigkeit verschiedener wässriger Lösungen, so stellt man fest, dass saure Lösungen ebenso wie basische Lösungen den elektrischen Strom besser leiten als andere Elektrolytlösungen gleicher Konzentration. Die Ursache für diese Unterschiede liegt in der höheren „Beweglichkeit" der Hydronium-Ionen und der Hydroxid-Ionen, für die man einen Wanderungsmechanismus annimmt.

1. Skizzieren Sie für beiden Ionensorten jeweils den Ladungstransport in wässrigen Lösungen.

2. Bei der Titration von Salzsäure mit Natronlauge beobachtet man folgende Änderung der Leitfähigkeit. Interpretieren Sie den Verlauf der Kurve.

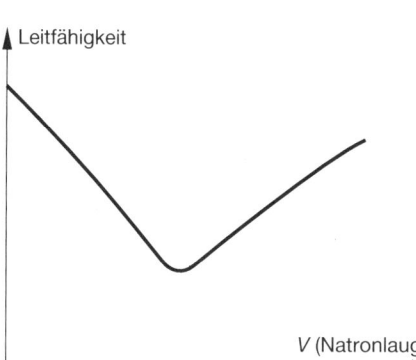

_____
_____
_____
_____
_____
_____

3. In der untenstehenden Abbildung ist die Titrationskurve von Essigsäure mit Natronlauge dargestellt. Erklären Sie den Verlauf der Kurve und erläutern Sie Unterschiede zur Kurve aus Aufgabe 2.

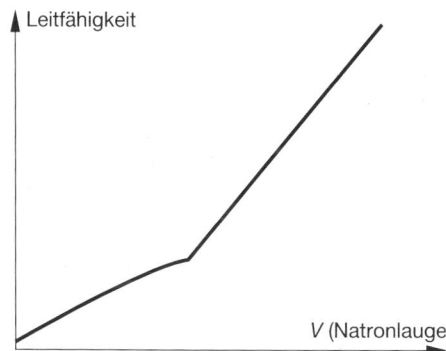

_____
_____
_____
_____
_____
_____

Chemie heute S II

Säure/Base-Reaktionen

Ergänzen Sie die fehlenden Angaben zum Basiswissen.

Säure/Base-Definition

Nach ARRHENIUS sind Säuren Stoffe, die in wässriger

Lösung in _____

und _____ zerfallen.

Basen sind Stoffe, die in wässrigen Lösungen

_____ und _____

bilden.

Nach BRÖNSTED sind Säuren Teilchen,

_____.

Man bezeichnet sie als _____

Basen sind Teilchen, _____

_____.

Man bezeichnet sie als _____

Die Stärke von Säuren und Basen

Protolysen sind Gleichgewichtsreaktionen.

$HA(aq) + H_2O(l) \rightarrow$ _____

$B(aq) + H_2O(l) \rightarrow$ _____

Die Lage des Gleichgewichts wird beschrieben durch

die _____ oder die _____.

$K_S =$ _____

$K_B =$ _____

K_S ist ein Maß für die Säurestärke.

Ein großer Wert von K_S bedeutet:

_____

Ein kleiner Wert von K_S bedeutet:

_____

Säure/Base-Reaktion

Zwischen einer Säure HA und einer Base B findet ein

_____ statt. Man bezeichnet

diesen Vorgang als _____.

Teilchen, die sowohl als Basen als auch Säuren

reagieren können nennt man _____.

Puffersysteme

Puffer sind Lösungen, deren _____ sich bei

Zugabe kleiner _____

_____ ändert.

Saure Puffer enthalten eine _____

_____ und die zugehörige _____.

Basische Puffer enthalten eine _____

und die zugehörige _____

Autoprotolyse und pH-Wert

Eine Säure/Base-Reaktion zwischen gleichartigen

Teilchen bezeichnet man als _____.

Im Falle von reinem Wasser gilt:

$c(H_3O^+) =$ _____

Ionenprodukt des Wassers:

$K_w =$ _____

pH-Wert: pH = _____

Pufferwirkung

Zugabe von H_3O^+-Ionen

$H_3O^+(aq) +$ _____

Zugabe von OH^--Ionen

$OH^-(aq) +$ _____

Chemie heute S II

Kreuzen Sie die richtigen Antworten an.

1. Teilchen, die sowohl als Säuren als auch als Base reagieren können, bezeichnet man als
A ❏ Zwitterionen.
B ❏ Amphiphile.
C ❏ Anomere.
D ❏ Ampholyte.

2. Nach der Definition von LAVOISIER sind Säuren Stoffe, die
A ❏ Stickstoff enthalten.
B ❏ Wasserstoff enthalten.
C ❏ Sauerstoff enthalten.
D ❏ Kohlenstoff enthalten.

3. Ein niedriger pK_S-Wert steht für eine
A ❏ starke Säure.
B ❏ schwache Säure.
C ❏ schwache Base.
D ❏ mittelstarke Base.

4. Eine wässrige Lösung von Natriumhydrogensulfat ($NaHSO_4$)
A ❏ zeigt eine saure Reaktion.
B ❏ zeigt eine neutrale Reaktion.
C ❏ zeigt eine basische Reaktion.

5. Säure/Base-Reaktionen
A ❏ laufen nur in wässriger Phase ab.
B ❏ laufen nach dem Donator/Akzeptor-Konzept ab.
C ❏ finden auch in nichtwässriger Umgebung statt.
D ❏ sind Gleichgewichtsreaktionen.

6. Bei Zugabe von verdünnter Natronlauge zu verdünnter Salzsäure
A ❏ nimmt die elektrische Leitfähigkeit zu.
B ❏ erniedrigt sich der pH-Wert.
C ❏ findet eine Protolyse statt.
D ❏ nimmt die elektrische Leitfähigkeit ab.

7. Säure/Base-Indikatoren
A ❏ sind organische Säuren.
B ❏ besitzen einen scharfen Umschlagspunkt.
C ❏ nehmen an der Reaktion nicht teil.
D ❏ besitzen mindestens einen Umschlagsbereich.

Vervollständigen Sie die Concept-Map zum Thema *Säure/Base-Reaktionen*.

Säure/Base-Reaktionen

sind charakterisiert durch

laufen ab nach dem

Gleichgewichts-reaktionen

finden statt zwischen

sind

sind

und

charakterisiert Stärke von

bilden

charakterisiert Stärke von

Phosporsäure und Phosphate

A1 Phosphorsäure (H_3PO_4) ist eine mittelstarke, dreiprotonige Säure. Als Reinstoff bildet Phosphorsäure farblose Kristalle, die in Wasser gut löslich sind. Zur Herstellung von Phosphorsäure auf trockenem Wege wird zunächst weißer Phosphor verbrannt. Das entstehende Phosphoroxid (P_4O_{10}) wird anschließend zu Phosphorsäure hydrolisiert.

a) Formulieren Sie die Reaktionsgleichung für die Hydrolyse des Phosphoroxids.

b) Stellen Sie für die Protolyse von Phosphorsäure die Gleichungen auf und geben Sie die Namen der entstehenden Anionen an.

c) Beschriften Sie das Protolyse-Diagramm. Lesen Sie daraus die Zusammensetzung der Lösung bei pH = 8 ab. Überprüfen Sie das Ergebnis rechnerisch.

d) Erläutern Sie unter Zuhilfenahme von Reaktionsgleichungen, warum Cola vor der Titration erhitzt wird.

e) Geben Sie eine Erklärung, warum bei der Titration anstelle von Säure/Base-Indikatoren ein pH-Meter zum Einsatz kommt.

Material 1
Protolyse-Diagramm von Phosphorsäure

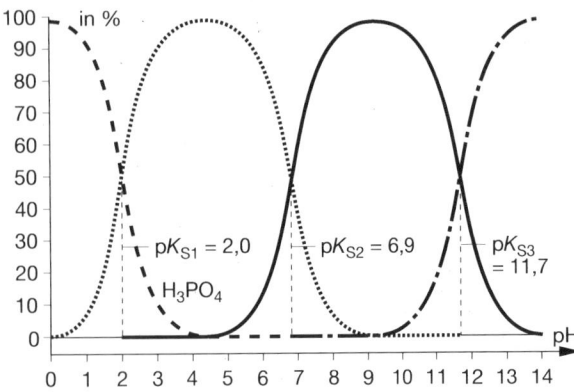

Material 2
Titration von Cola

1. 100 ml Cola werden in einem großen Becherglas für 15 Minuten gekocht.
2. Nachdem Abkühlen überführt man 25 ml des Getränks in ein kleines Becherglas.
3. Anschließend titriert man die Probe mit Natronlauge der Konzentration $0{,}1 \ \text{mol} \cdot \text{l}^{-1}$. Dabei wird der pH-Wert jeweils nach Zugabe von 1 ml Maßlösung mit einem pH-Meter gemessen.
4. Die Schritte 1 bis 3 werden zweimal wiederholt.

Puffersysteme in Arzneimitteln

A2 Seit seiner Einführung im Jahre 1899 entwickelte sich Aspirin® zu einem der am meisten verwendeten Medikamente gegen Kopfschmerzen und Fieber. Die schmerzlindernde und fiebersenkende Wirkung beruht auf Acetylsalicylsäure (ASS).

a) Vergleichen Sie das chemische Verhalten von Acetylsalicylsäure in der Magenhöhle und in den Zellen der Magenschleimhaut.

b) Geben Sie die enthaltenen Puffersysteme an und erläutern Sie unter Zuhilfenahme von Reaktionsgleichungen die Pufferwirkung. Stellen Sie eine Vermutung an, warum ungepufferte ASS-Präparate weniger gut magenverträglich sind.

Material 1

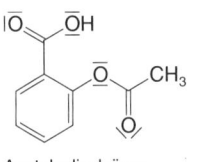

Acetylsalicylsäure

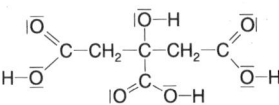

Citronensäure

Material 2

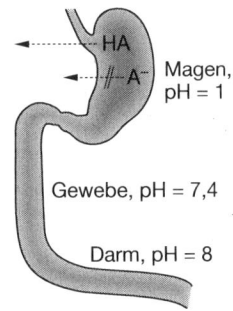

Resorption einer schwachen Säure HA im Magen/Darm-Trakt

Material 3
Auszug aus einem Beipackzettel:
Zusammensetzung: 1 Tablette enthält 200 mg Acetylsalicylsäure als Wirkstoff. Weitere Bestandteile: Citronensäure, Natriumdihydrogencitrat, Natriumhydrogencarbonat, Natriumcarbonat.

Material 4
Auszug aus einem Lehrbuch für Pharmakologie
ASS wird zum Teil im Magen, zum größten Teil jedoch im Dünndarm resobiert. Der Wirkstoff besitzt eine schleimhautreizende Wirkung. Als Ursache hierfür nimmt man eine überhöhte Konzentration an dissoziierter Säure in den Magenschleimhautzellen an. Acetylsalicylsäure-Zubereitungen werden daher häufig durch Zusatz bestimmter Salze gepuffert. ASS wird so besser gelöst und gelangt schneller vom Magen in den Dünndarm. Die gepufferten Zubereitungen weisen eine bessere Magenverträglichkeit auf als ungepufferte.

Redoxreaktionen und Elektrochemie

VOLTA-Säule. Im Jahre 1800 stellte A. VOLTA (1745–1827) der Öffentlichkeit eine für die damalige Zeit sensationelle Erfindung vor. Er hatte eine Spannungsquelle entwickelt, mit der sich kontinuierlich starke elektrische Ströme erzeugen ließen. Mit ungebremstem Interesse stürzten sich die Wissenschaftler auf dieses neue Experimentiergerät. Eine Vielzahl von Elektrolysen konnte durchgeführt werden. Dabei wurden neue Elemente entdeckt und die ersten Erkenntnisse über den Zusammenhang von chemischen und elektrischen Vorgängen gewonnen. Die VOLTAsche Säule bestand aus bis zu 30 Paaren von Zink- und Silberplatten. Zwischen den Plattenpaaren befand sich jeweils mit verdünnter Schwefelsäure getränkte Pappe oder Leder.

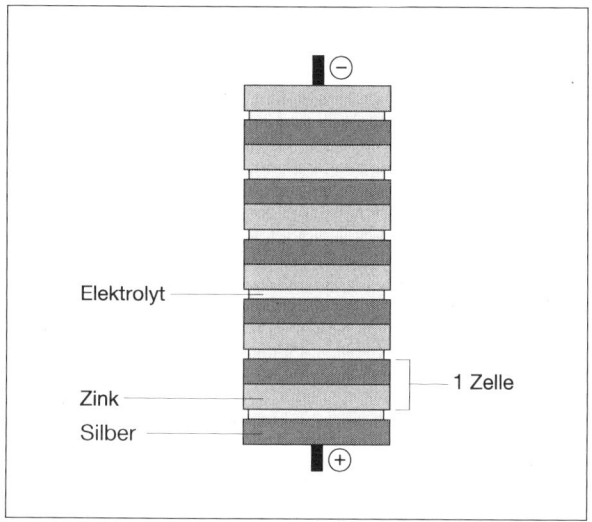

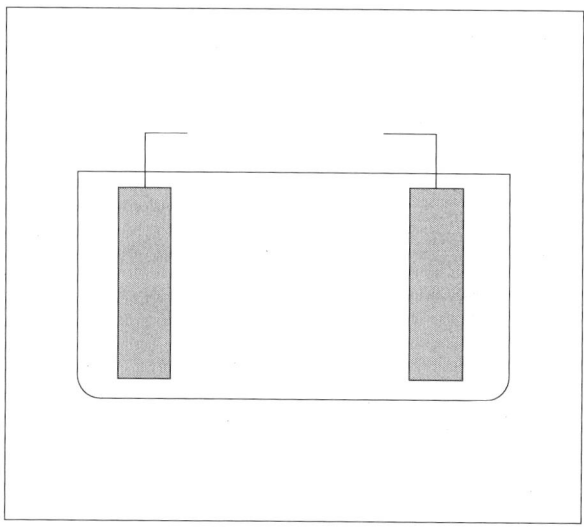

1. a) Deuten Sie ein Stockwerk der VOLTAschen Säule als galvanische Zelle und beschriften Sie in der rechten Skizze die Zink bzw. Silberplatten. Kennzeichnen Sie die Bewegungsrichtung der Elektronen.

b) Erklären Sie, warum an den Silberplatten keine Silber-Ionen entladen werden.

_____

_____

c) Formulieren Sie die Reaktionsgleichung für die Elektrodenreaktionen.

Minuspol: _____

Pluspol: _____

d) VOLTA vermutete die Entstehung des elektrischen Stromes an der Berührungsstelle der beiden Metalle. Geben Sie eine Erklärung aus heutiger Sicht.

_____

_____

_____

e) Mit Hilfe der elektrischen Energie aus der VOLTAschen Säule wurde Wasser elektrolytisch zerlegt. Dabei sind Zink der Pluspol und Silber der Minuspol. Welche Reaktionsprodukte erhält man am Zinkpol bzw. am Silberpol?

Zinkpol: _____   Silberpol: _____

Redoxreaktionen

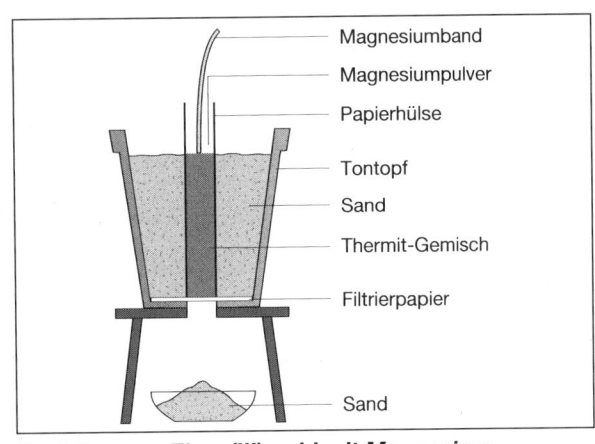

Reaktion von Eisen(III)-oxid mit Magnesium

Labels: Magnesiumband, Magnesiumpulver, Papierhülse, Tontopf, Sand, Thermit-Gemisch, Filtrierpapier, Sand

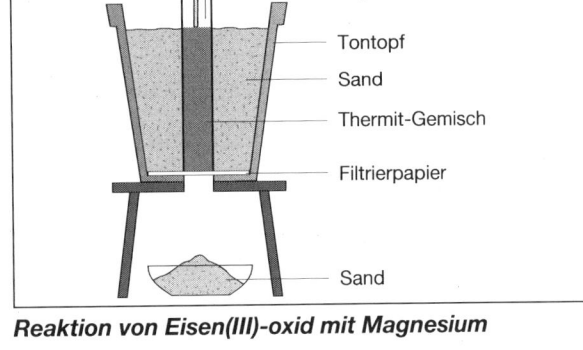

Reaktion von Iod mit Magnesium

Labels: Wasser, Gemisch aus Magnesium und Iod

Oxidation: _____

Reduktion: _____

Reaktionsgleichung: _____

Oxidation: _____

Reduktion: _____

Reaktionsgleichung: _____

1. a) Geben Sie die Teilreaktionen (Oxidation und Reduktion) und die Gesamtreaktionsgleichung an.
b) Definieren Sie die Begriffe *Oxidation, Reduktion, Oxidationsmittel* und *Reduktionsmittel* sowie korrespondierendes Redoxpaar.

_____

_____

_____

_____

2. Eine frisch bereitete, hellgrüne Eisen(II)-sulfat-Lösung wird mit Chlorwasser versetzt. Es entsteht eine gelbe Lösung, in der Chlorid-Ionen nachgewiesen werden können. Stellen Sie die Teilgleichungen und die Gesamtreaktionsgleichung auf. Geben Sie die korrespondierenden Redoxpaare an.

Oxidation: _____

Reduktion: _____

Redoxreaktion: _____

3. Stellen Sie die Teilgleichungen und die Gesamtreaktionsgleichung für die Reaktion von Eisen(III)-chlorid mit Kaliumiodid zu Iod auf.

Oxidation: _____

Reduktion: _____

Redoxreaktion: _____

Chemie heute S II

Oxidationszahlen

Bei chemischen Reaktionen erkennt man Elektronenübergänge leicht, wenn die beteiligten Stoffe Elemente sind oder aus einfachen Ionen aufgebaut sind. Für alle weiteren Stoffe sind Oxidationszahlen ein Hilfsmittel, um Elektronenübergänge zu veranschaulichen.

1. Erklären Sie den Begriff *Oxidationszahl*.

2. Ermitteln Sie die fehlenden Angaben und vervollständigen Sie die Tabellen.

Hauptgruppe	I	II	III	IV	V	VI	VII
Elektronenkonfiguration der Außenelektronen							
höchste Oxidationszahl							
niedrigste Oxidationszahl							

Nebengruppe	III	IV	V	VI	VII	VIII	I	II
Elektronenkonfiguration der Außenelektronen								
höchste Oxidationszahl								

3. Begründen Sie, warum die niedrigste Oxidationszahl der Nebengruppenelemente ±0 ist.

4. Geben Sie für alle Atomarten die Oxidationszahlen an.

Mg Br_2 SO_2 K_2O P_2O_5 MnO_2 $CH_3–CH_2–OH$ $HCHO$

$$\underset{H_2N \qquad NH_2}{\overset{O}{\underset{}{\parallel}{C}}}$$

Ca^{2+} Cl^- SO_4^{2-} H_3PO_4 $HClO_4$ $Fe_2(PO_4)_3$ $CH_3–CH_2–COOH$

5. Ergänzen Sie die fehlenden Angaben.

Formel des Salzes	Ionen in der Salz-Lösung	Farbe der Salz-Lösung
$FeSO_4$		
	Fe^{3+} und Cl^-	
$CuNO_3$		
	Cu^{2+} und Cl^-	

Formel des Salzes	Ionen in der Salz-Lösung	Farbe der Salz-Lösung
$KMnO_4$		
	Mn^{2+} und SO_4^{2-}	
K_2MnO_4		
	Cr^{2+} und Cl^-	

Chemie heute S II

Einfache Redoxreaktionen

Versuch 1: Redoxreaktionen in wässrigen Lösungen

Materialien: Tropfpipetten, Stopfen, Spatel, Universalindikator-Papier, Gasbrenner; Eisen(III)-chlorid-Lösung (1 %; **7**), Zink-Pulver (**2**), Kupferstück, Silbernitrat-Lösung (1 %; **7, 9**), Kaliumiodid-Lösung, Wasserstoffperoxid (10 %; **5**), Benzin (**2, 7, 8, 9**), Kupfer(II)-sulfat-Lösung (1 %).

Durchführung:

1. Geben Sie zu der Eisen(III)-chlorid-Lösung eine Spatelspitze Zink-Pulver. Schütteln Sie und lassen Sie überschüssiges Zink am Boden absetzen.

2. Bedecken Sie auf einem Uhrglas ein blankes Stück Kupfer mit Silbernitrat-Lösung. Beobachten Sie sofort und nach etwa 5 Minuten.

3. Geben Sie zu zehn Tropfen Kaliumiodid-Lösung etwa vier Tropfen Wasserstoffperoxid. Überprüfen Sie den pH-Wert der Lösung mit Universalindikator-Papier. Überschichten Sie anschließend mit Benzin und schütteln Sie. *Hinweis:* Benzin dient zum Lösen des Produkts; es ist an der Reaktion nicht beteiligt.

4. Mischen Sie etwa gleiche Mengen Kupfer(II)-sulfat-Lösung mit Kaliumiodid-Lösung. Schütteln Sie und erwärmen Sie anschließend unter dem Abzug bis sich farbige Dämpfe bilden.

Auswertung:

a) Notieren Sie Ihre Beobachtungen.

b) Deuten Sie Ihre Beobachtungen anhand der Farbänderungen. Geben die zusammengehörenden Redoxpaare an und stellen die Teilgleichungen und die Gesamtgleichung für die jeweilige Reaktion auf.

c) Definieren Sie die Begriffe *Oxidationsmittel* und *Reduktionsmittel*.

Chemie heute S II

Schema für das Erstellen von Redoxgleichungen

Eine bewährte Methode für das Erstellen von Redoxgleichungen besteht darin, die Teilreaktionen Oxidation und Reduktion getrennt voneinander zu betrachten. Mithilfe von Oxidationszahlen stellt man für die Oxidation und für die Reduktion zunächst Teilgleichungen auf. Diese haben rein formalen Charakter. Die Teilgleichungen werden anschließend zu vollständigen Redoxgleichungen kombiniert.

1. a) Permanganat-Ionen werden in sauer Lösung mit Nitrit-Ionen zur Reaktion gebracht. Dabei wird die violette Permanganat-Lösung entfärbt. Durch Vergleich der Oxidationsstufen der Ausgangsstoffe und Produkte erkennt man, welcher Stoff Reduktionsmittel ist (und oxidiert wurde) und welcher Stoff Oxidationsmittel ist (und reduziert wurde). Welche Produkte entstehen? Ordnen Sie den Ausgangsstoffen die Begriffe Oxidationsmittel und Reduktionsmittel zu. Begründen Sie Ihre Zuordnung mit Hilfe der Oxidationszahlen.

Oxidationsmittel: _____

Reduktionsmittel: _____

b) Formulieren Sie die Teilgleichungen für die Oxidation und für die Reduktion. Leiten Sie aus den Änderungen der Oxidationszahlen die Anzahl der übertragenen Elektronen für jede Teilreaktion ab. Zum Ausgleichen der Ionenladungen stehen Ihnen in einer wässrigen Lösung H^+-Ionen, OH^--Ionen und H_2O-Moleküle zur Verfügung. Überprüfen Sie die Teilgleichungen mit Hilfe der Summe der Ionenladungen.

Oxidation: _____

Reduktion: _____

c) Multiplizieren Sie die Teilgleichungen mit dem kleinsten möglichen Faktor, sodass die Gesamtladung der abgegebenen und aufgenommenen Elektronen gleich ist. Addieren Sie die Teilgleichungen zur vollständigen Redoxgleichung (Gesamtgleichung). Kürzen Sie und überprüfen Sie, ob die Anzahl der Atome und die Summe der Ionenladungen auf beiden Seiten der Reaktionsgleichung übereinstimmen.

Oxidation: _____

Reduktion: _____

Redoxreaktion: _____

„gekürzt": _____

2. Lösen Sie nach diesem Schema folgende Aufgabe: Permanganat-Ionen reagieren in saurer Lösung mit Bromid-Ionen. Nach der Reaktion verschwindet die violette Farbe, außerdem erkennt man die Bildung von Brom.

a) Oxidationsmittel: _____

    Reduktionsmittel: _____

b) Oxidation: _____

    Reduktion: _____

c) Oxidation: _____ Reduktion: _____

    Redoxreaktion: _____

Chemie heute S II

Reduktion von Permanganat-Ionen

Versuch: Permanganat-Ionen werden in neutraler und saurer Lösung mit verschiedenen Reduktionsmitteln umgesetzt

Materialien: Reagenzgläser, Pipetten, Gasbrenner, Reagenzglashalter, Stopfen, Glasstab, Holzspan; Kaliumpermanganat-Lösung (0,02 mol · l⁻¹), Eisen(II)-sulfat-Lösung (1 %; **7**), Kaliumiodid-Lösung, Ethanol (**2, 7**), Methansäure (25 %; **5**), Schwefelsäure (9 %; **5, 7**), Bariumhydroxid-Lösung (1 %; **5, 7**), Heptan (**2, 7, 8, 9**), Wasserstoffperoxid-Lösung (3 %; **7**).

Durchführung:

1. Fünf Reagenzgläser werden mit je 2 ml folgender Lösungen gefüllt: A: Eisen(II)-sulfat-Lösung, B: Kalium-iodid-Lösung, C: Wasserstoffperoxid, D: Ethanol und E: Methansäure. Säuern Sie mit verdünnter Schwefelsäure an und geben Sie einige Tropfen Kaliumpermanganat-Lösung zu. Bei Versuch D und E muss schwach erwärmt werden.
2. Geben Sie in das Reagenzglas von Versuch B fünf Tropfen Heptan und schütteln Sie.
3. Weisen Sie die bei Versuch C und E entstehenden Gase nach.

Auswertung:

a) Notieren Sie den Namen des Produkts, das bei der Oxidation der einzelnen Reduktionsmittel jeweils entsteht und stellen Sie für die Oxidation die Reaktionsgleichung auf.

Versuch	Oxidationsprodukt	Reaktionsgleichung der Oxidation
A		
B		
C		
D		
E		

b) Erklären Sie die Nachweisreaktion mit Heptan im Versuch B.

c) Erklären Sie die Nachweisreaktionen der beiden Gase in den Versuchen C und E.

d) Formulieren Sie die Reaktionsgleichung für die Reduktion von Permanganat-Ionen in saurer Lösung.

e) Formulieren Sie die Gesamtreaktionsgleichungen für die Versuche A und C.

Chemie heute S II

Elektrodenpotential

Eine Kombination Metallstab/Metallsalzlösung wird als Halbelement oder elektrochemische Elektrode bezeichnet. Die Elektrode besteht aus der metallischen Phase und der Elektrolyt-Lösungs-Phase.

1. Erläutern Sie die Vorgänge an der Phasengrenzfläche.

_____

_____

_____

_____

_____

_____

_____

_____

_____

_____

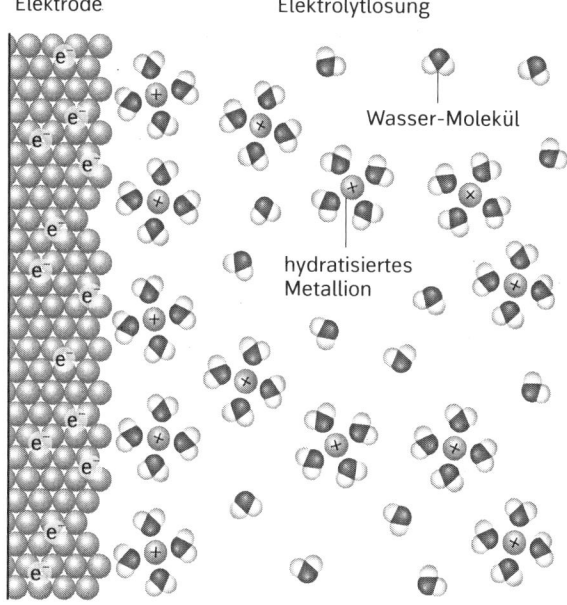

Elektrode   Elektrolytlösung

Wasser-Molekül

hydratisiertes Metallion

2. Stellen Sie die Vorgänge an einer Kupfer/Kupfer-Ionen-Elektrode anhand einer Reaktionsgleichung dar.

_____

3. Vergleichen Sie die Elektrodenpotentiale von Kupfer und Eisen. Begründen Sie Ihre Aussage.

_____

_____

elektrochemische Doppelschicht

Potential in der elektrochemischen Doppelschicht

_____

4. Kann das Elektrodenpotential einer Halbzelle gemessen werden? Begründen Sie Ihre Antwort.

_____

_____

_____

5. Erläutern Sie, von welchen Größen das Elektrodenpotential einer Metall/Metall-Ionen-Elektrode abhängt.

_____

_____

_____

Eine Kombination von zwei verschiedenen Halbzellen, die leitend zusammengeschaltet sind, bezeichnet man als galvanisches Element. Der britische Physiker und Chemiker John Frederic DANIELL baute 1836 aus einer Kupfer/Kupfer(II)-Ionen-Elektrode und einer Zink/Zink-Ionen-Elektrode ein erstes technisch brauchbares galvanisches Element, das später nach ihm benannt wurde.

1. Vervollständigen Sie die Abbildung des DANIELL-Elementes. Beschreiben Sie die an den Elektroden ablaufenden Vorgänge und erklären Sie das Entstehen einer Spannung.

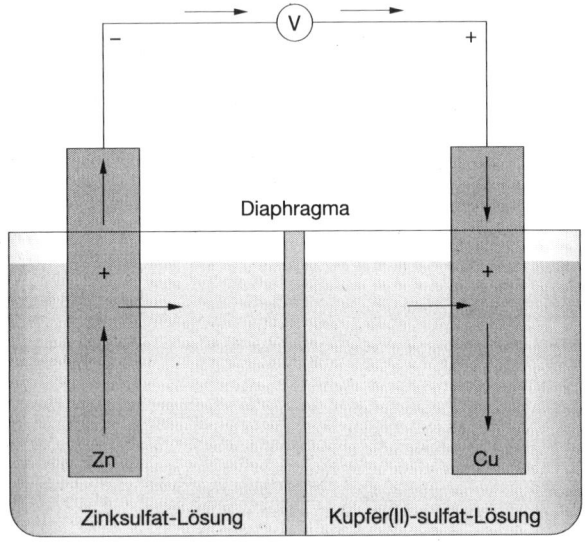

Diaphragma

Zn Cu

Zinksulfat-Lösung Kupfer(II)sulfat-Lösung

2. Stellen Sie die Reaktionsgleichungen für die an der Donator- und Akzeptorzelle ablaufenden Reaktionen auf und geben Sie die Reaktionsarten an. Formulieren Sie die Gleichung für die Zellreaktion.

Donatorzelle: Akzeptorzelle:
(Anode) _____ *(Kathode)* _____

Zellreaktion: _____

3. Nennen Sie die im galvanischen Element auftretenden Energieumwandlungen.

_____

4. Um Potentiale verschiedener Elektroden vergleichen zu können, benötigt man eine Bezugs-Halbzeile deren Potential willkürlich Null gesetzt wird. Auf Vorschlag von Walther NERNST wurde im Jahr 1908 die Standard-Wasserstoff-Halbzelle als Bezugssystem eingeführt.
Vervollständigen Sie die Abbildung einer Standard-Wasserstoff-Halbzelle mit ihren definierten Reaktionsbedingungen. Stellen Sie für die ablaufende Reaktion die Gleichung auf und geben Sie das Elektrodenpotential dieser Halbzelle an.

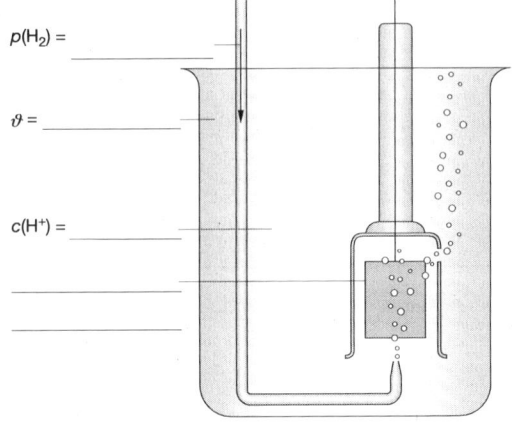

$p(H_2) =$ _____
$\vartheta =$ _____
$c(H^+) =$ _____

Standard-Elektrodenpotential

$U^0 (H_2/2\,H^+) =$

Chemie heute S II

© 2010 Schroedel, Braunschweig

Vervollständigen Sie die Tabelle. Nutzen Sie die vorgezeichneten Keile und malen Sie diese farbig aus, um die Zunahme oder die Abnahme der Zahlenwerte zu markieren.

Redoxpaare: oxidierte Form / reduzierte Form	K^+ / K	Mg^{2+} / Mg	Fe^{2+} / Fe	Pb^{2+} / Pb	$2 H^+$ / H_2	Cu^{2+} / Cu	Fe^{3+} / Fe^{2+}	Ag^+ / Ag	Br_2 / $2 Br^-$	Pb^{4+} / Pb^{2+}	F_2 / $2 F^-$
1. Standardelektrodenpotential $\dfrac{U_H^0}{V}$											

2. Wie verändern sich die nachfolgend genannten Eigenschaften innerhalb der Spannungsreihe entsprechend der oben gewählten Anordnung?

a) Oxidierbarkeit der reduzierten Form

b) Reduktionsvermögen der reduzierten Form

c) Fähigkeit der reduzierten Form, Elektronen abzugeben

d) Reduzierbarkeit der oxidierten Form

e) Oxidationsvermögen der oxidierten Form

f) Fähigkeit der oxidierten Form, Elektronen aufzunehmen

3. Zeigen Sie, dass sich verschiedene Oxidationsstufen eines Metalles in ihrem Redoxverhalten unterscheiden. Vergleichen Sie dabei die höheren und niedrigeren Oxidationsstufen in ihrer Fähigkeit, als Oxidationsmittel bzw. Reduktionsmittel zu wirken.

4. Nennen Sie von den hier genannten Beispielen das stärkste Reduktionsmittel. Begründen Sie Ihre Antwort.

Chemie heute S II

© 2010 Schroedel, Braunschweig

Spannungsmessungen an galvanischen Zellen

Versuch: Messen der Spannung an galvansichen Elementen und Bestimmung von Standard-Elektrodenpotentialen

Materialien: Magnesium, Zink-, Kupfer-, Silber-, Platin-Elektrode (platiniert), Spannungsmessgerät, Stromversorgungsgerät, galvanische Zelle, Verbindungskabel;
1 molare Lösungen von: Zinksulfat (**5, 9**), Magnesiumsulfat, Kupfersulfat, Silbernitrat (**9**), Salzsäure (**7**).

Durchführung:

1. Bauen Sie folgende galvanische Elemente auf und messen Sie die Spannung.

Galvanisches Element	Spannung in [V]
Mg/MgSO$_4$ (1 mol · l^{-1})//ZnSO$_4$ (1 mol · l^{-1})/Zn	
Mg/MgSO$_4$ (1 mol · l^{-1})//CuSO$_4$ (1 mol · l^{-1})/Cu	
Mg/MgSO$_4$ (1 mol · l^{-1})//AgNO$_3$ (1 mol · l^{-1})/Ag	
Zn/ZnSO$_4$ (1 mol · l^{-1})//CuSO$_4$ (1 mol · l^{-1})/Cu	
Zn/ZnSO$_4$ (1 mol · l^{-1})//AgNO$_3$ (1 mol · l^{-1})/Ag	
Cu/CuSO$_4$ (1 mol · l^{-1})//AgNO$_3$ (1 mol · l^{-1})/Ag	

2. Messen Sie die Standard-Elektrodenpotentiale. Eine Halbzelle ist dabei eine platinierte Platin-Elektrode, die in Salzsäure (1 mol · l^{-1}) taucht. An dieser Platin-Elektrode wird zunächst eine Minute lang eine Elektrolyse durchgeführt. Danach wird das Stromversorgungsgerät durch ein Spannungsmessgerät ersetzt und die verschiedenen Halbzellen werden dazu geschaltet. Messen Sie die Spannung. Hinweis: Die einminütige Elektrolyse muss nach jeder Messung wiederholt werden.

Galvanisches Element	Spannung in [V]
Mg/MgSO$_4$ (1 mol · l^{-1})//2H$^+$ (1 mol · l^{-1})/H$_2$	
Zn/ZnSO$_4$ (1 mol · l^{-1})//2H$^+$ (1 mol · l^{-1})/H$_2$	
Cu/CuSO$_4$ (1 mol · l^{-1})//2H$^+$ (1 mol · l^{-1})/H$_2$	
Ag/AgNO$_3$ (1 mol · l^{-1})//2H$^+$ (1 mol · l^{-1})/H$_2$	

Beobachtung:

a) Tragen Sie alle gemessenen Spannungen in die Tabellen ein.

b) Erläutern Sie, warum von jeder Standard-Elektrodenpotential-Messung die Elektrolyse wiederholt werden muss.

c) Geben Sie entsprechend der ablaufenden Reaktion an, welche Elektrode bei den Messungen der Potentiale jeweils zum Pluspol wird.

Chemie heute S II

© 2010 Schroedel, Braunschweig

NERNSTsche Gleichung

Zwischen Stellen mit unterschiedlichen elektrischen Potentialen besteht eine Spannung. Die Potentiale in den Halbzellen ändern sich mit der Konzentration der Elektrolyt-Lösungen. Mit Hilfe der NERNSTschen Gleichung können die Elektrodenvorgänge quantitativ erfasst werden; es lässt sich damit das Potential einer Halbzelle mit beliebiger Elektrolytkonzentration berechnen. Die NERNSTsche Gleichung gilt nur für verdünnte Lösungen, eventuelle Wechselwirkungen zwischen den Ionen der Lösung werden nicht berücksichtigt. Sie lautet:

$$U_H(Me^{Z+}/Me) = U_H^0(Me^{Z+}/Me) + \frac{0,059\ V}{z} \cdot \lg \frac{c(Me^{Z+})}{mol \cdot l^{-1}}$$

1. Eine Zink-Elektrode wird mit einer Normalwasserstoff-Elektrode kombiniert. Berechnen Sie mithilfe der NERNSTschen Gleichung die Potentiale bei verschiedenen Konzentrationen der Zinksulfat-Lösung:
a) $c = 1\ mol \cdot l^{-1}$, **b)** $c = 0,1\ mol \cdot l^{-1}$, **c)** $c = 0,01\ mol \cdot l^{-1}$.

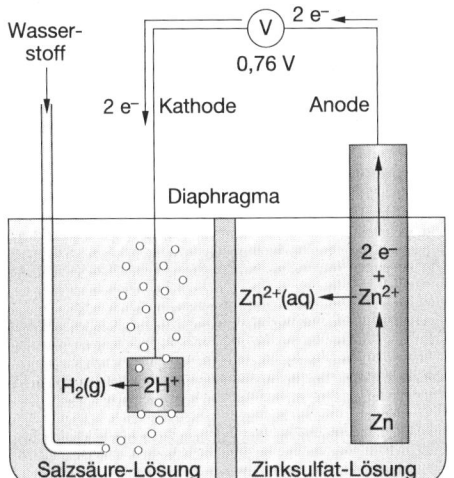

2. Ein Konzentrationselement besteht aus zwei Silberhalbzellen. Die Konzentration der Silbernitrat-Lösung beträgt in der Halbzelle 1 $c = 1\ mol \cdot l^{-1}$ und in der Halbzelle 2 $c = 1 \cdot 10^{-3}\ mol \cdot l^{-1}$.
a) Entwickeln Sie die Reaktionsgleichungen für die anodische Oxidation und kathodische Reduktion und geben Sie dazu die jeweiligen Metall/Metall-Ionen-Elektroden an.

Anodische Oxidation: _____

Kathodische Reduktion: _____

b) Berechnen Sie die Elektrodenpotentiale beider Halbzellen sowie die Zellspannung.

3. Für die Reduktion von Permangant-Ionen in saurer Lösung nimmt die NERNSTsche Gleichung folgende Form an:

$$U_H(MnO_4^-/Mn^{2+}) = U_H^0(MnO_4^-/Mn^{2+}) + \frac{0,059\ V}{5} \cdot \lg \frac{c(MnO^-) \cdot c^8(H_3O^+)}{c(Mn^{2+})}$$

a) Erläutern Sie die Veränderung des Redoxpotentials der Permangant-Lösung bei abnehmenden pH-Wert in Ihrem Hefter.
b) Erläutern Sie, warum Kaliumpermanganat in saurer Lösung ein starkes Oxidationsmittel ist.

Elektrolyse einer Kupfer(II)-chlorid-Lösung

Versuch: Elektrolyse einer Kupfer(II)-chlorid-Lösung

Materialien: U-Rohr mit seitlichem Ansatz, 2 Krokodilklemmen, 2 Graphitstäbe, 2 durchbohrte Stopfen, Kabel, Stromversorgungsgerät, Spannungsmessgerät;
Kupfer(II)-chlorid-Lösung (c = 1 mol · l^{-1}, **7, 9**), Kaliumiodid-Stärke-Papier.

Anode *Kathode*
Graphitstab
Elektrolyt-Lösung

Durchführung:

1. Füllen Sie das U-Rohr mit Kupfer(II)-chlorid-Lösung und elektrolysieren Sie etwa drei Minuten bei einer Gleichspannung von 6 V.
2. Beobachten Sie die Veränderungen an den Graphitstäben.
3. Halten Sie in die Nähe der Anode ein Stück Kaliumiodid-Stärke-Papier, beobachten Sie die auftretende Verfärbung.
4. Ersetzen Sie jetzt das Stromversorgungsgerät durch ein Spannungsmessgerät und ermitteln Sie die Spannung.

Auswertung:

a) Vervollständigen Sie die Tabelle.

Kupfer(II)-chlorid-Elektrolyse			
Elektrode	**Beobachtung**	**ablaufende Reaktion**	**Reaktionsart**
Kathode		$\longrightarrow$	
Anode		$\longrightarrow$	
Färbung des Kaliumiodid-Stärke-Papiers:			
Austausch des Stromversorgungsgerätes durch ein Spannungsmeßgerät			
Anode		$\longrightarrow$	
Kathode		$\longrightarrow$	
gemessene Spannung:			

b) Erklären Sie, warum nach Abschluss der Elektrolyse eine Spannung gemessen werden kann.

c) Berechnen Sie in Ihrem Hefter die Spannung, die theoretisch von der galvanischen Zelle abgegeben werden kann.

Chemie heute S II

Korrosion und Korrosionsschutz

1. Rosten von Eisen – ein Lokalelement

Die Korrosion von Eisen ist ein elektrochemischer Vorgang. Die Korrosionsstelle bildet mit ihrer unmittelbaren Umgebung ein kurzgeschlossenes galvanisches Element: ein *Lokalelement*.

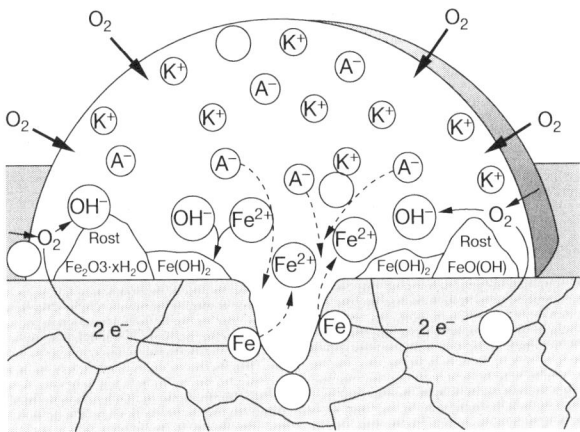

a) Ordnen Sie dem Lokalelement in obiger Abbildung folgende Begriffe zu: 1 Pluspol, 2 Minuspol, 3 Elektronenstrom, 4 Elektrolyt, 5 Ionenstrom.

b) Kennzeichnen Sie die Richtung des Elektronenstroms.

c) Geben Sie die Reaktionsgleichungen für die Elektrodenreaktionen an.

Minuspol (Anode, Oxidation):

_____

Pluspol (Kathode, Reduktion):

_____

d) Rost ist eine lockere, poröse Schicht aus Eisenoxidhydrat mit unterschiedlichem Wassergehalt: FeOOH oder $Fe_2O_3 \times H_2O$.
Erläutern Sie, warum man Rost vor allem am Rand einer Roststelle und nicht in ihrem Zentrum findet.

_____

_____

_____

_____

_____

2. Korrosionsschutz durch Metallüberzüge

Dazu wird das Grundmetall Eisen mit einem Überzug aus Zinn oder Zink versehen. *Verzinkte Werkstücke* werden im Außenbereich und im Automobilbau eingesetzt. Aus *verzinntem Blech*, dem *Weißblech*, werden vornehmlich Konservendosen hergestellt. Der Schutz wirkt nur solange die Überzüge in Takt sind. Andernfalls bildet sich ein Lokalelement.

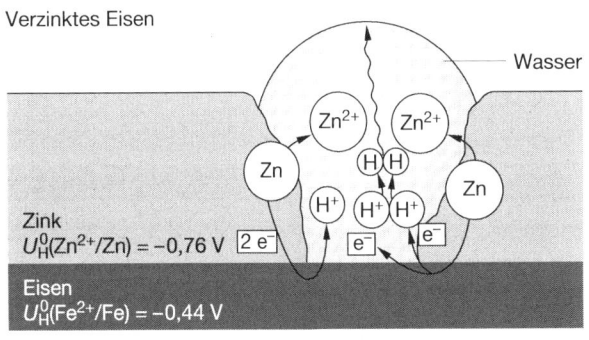

a) Erläutern Sie, warum das Eisen trotz Beschädigungen des Zink-Überzugs nicht angegriffen wird.

_____

_____

_____

Oxidation:

_____

Reduktion:

_____

b) Wird ein Zinnüberzug beschädigt, erfolgt eine Rostbildung. Erläutern Sie die Vorgänge, die an der Schadstelle ablaufen.

_____

_____

_____

_____

Der Bleiakkumulator

Eine große Bedeutung besitzen Batterien, bei denen die Elektrodenvorgänge nach dem Entladen durch Anlegen eines Stromes wieder umgekehrt werden können. Solche wiederaufladbaren galvanischen Zellen werden als Akkumulatoren bezeichnet. Der Bleiakkumulator wurde bereits im Jahre 1859 vom französischen Physiker GASTON PLATÉ entwickelt. Der Bleiakkumulator wird noch heute als Starterbatterie in Kraftfahrzeugen und als Fahrzeugantrieb bei Elektrokarren genutzt. Neben den umkehrbaren Lade- und Entladereaktionen laufen auch irreversible Vorgänge ab, die seine Lebensdauer begrenzen.

Entladen eines Bleiakkumulators

1. Vervollständigen Sie die nebenstehende Abbildung des Entladevorganges eines Bleiakkus.

2. Notieren Sie die Art der Energieumwandlung beim Entladen des Akkus. Wie ändert sich die Säuredichte?

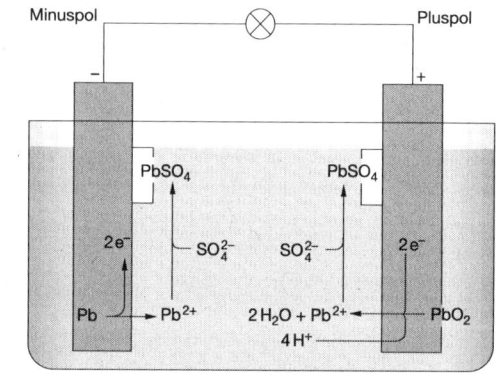

_____

_____

_____

3. Formulieren Sie für die an den Elektroden ablaufenden Vorgänge die Reaktionsgleichungen.

Minuspol:	$\longrightarrow$
Pluspol:	$\longrightarrow$

Laden eines Bleiakkumulators

1. Vervollständigen Sie die nebenstehende Abbildung des Ladevorganges eines Bleiakkus.

2. Beschreiben Sie die Änderung der Energieumwandlung und die Entwicklung der Säuredichte beim Laden des Bleiakkumulators.

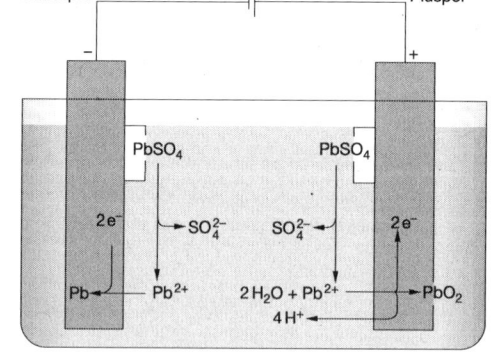

_____

_____

_____

3. Formulieren Sie für die an den Elektroden ablaufenden Vorgänge die Reaktionsgleichungen. Fassen Sie die Teilreaktionen zur Gesamtreaktion zusammen.

Minuspol:	$\longrightarrow$
Pluspol:	$\longrightarrow$
Gesamtreaktion:	$\overset{\text{Entladung}}{\underset{\text{Ladung}}{\rightleftarrows}}$

Chemie heute S II

Nickel/Metallhydrid-Akku (Ni/MH)

Der Nickel/Metallhydrid-Akku gilt als möglicher Ersatz für den Nickel/Cadmium-Akku (Ni/Cd), dessen Einsatz aufgrund des umweltbelastenden Metalls Cadmium gesetzlich stark eingeschränkt worden ist.
Für das Laden und Entladen des Akkus kann folgende Gesamtgleichung formuliert werden:

$$Ni(OH)_2(s) + Me(s) \underset{Entladung}{\overset{Ladung}{\rightleftharpoons}} NiO(OH)(s) + Me\text{-}H(s)$$

1. Formulieren Sie die Reaktionsgleichungen für den Entladevorgang an beiden Polen. Geben Sie die Oxidationszahlen an.

Minuspol: _____

Pluspol: _____

2. Das „Me" in der Reaktionsgleichung ist eine Legierung aus $La_{0,8} Nd_{0,2} Ni_{2,5} Co_{2,4} Si_{0,1}$. Welche spezielle Eigenschaft der Legierung wird für den Einsatz im Akku ausgenutzt?

_____

3. Nennen Sie die Vorzüge des Nickel/Metallhydrid-Akkus gegenüber dem Ni/Cd-Akku.

_____

_____

_____

Lithium-Ionen-Akku (Handy-Akku)

Aufgrund ihrer im Vergleich zu anderen Akkus sehr hohen Spannung (U = 3,7 V) und großer Energiedichte finden Lithium-Ionen-Akkus eine immer stärkere Verbreitung.
Für das Laden und Entladen des Akkus kann folgende Gesamtgleichung formuliert werden:

$$LiCoO_2(s) + C_6(s) \underset{Entladung}{\overset{Ladung}{\rightleftharpoons}} LiC_6(s) + CoO_2(s)$$

1. Erläutern Sie, warum der Akku eine relativ hohe Spannung liefert.

_____

_____

2. Formulieren Sie die die Reaktionsgleichungen für den Entladevorgang an beiden Polen.

Minuspol: _____

Pluspol: _____

3. Eine Weiterentwicklung des Lithium-Ionen-Akkus ist der Lithium-Polymer-Akku. Nennen Sie Vorteile, die für einen Einsatz des Akkus sprechen und geben Sie mögliche Anwendungsbereiche an.

_____

_____

Gewinnung von Kupfer – Kupferraffination

Kupfer ist wegen seiner chemischen Eigenschaften und seiner ausgezeichneten elektrischen Leitfähigkeit ein wichtiger Werkstoff.

1. a) Stellen Sie mithilfe des Schemas für die Gewinnung von Rohkupfer unter Verwendung von Oxidationszahlen die Reaktionsgleichungen für das Rösten von Kupferglanz und die anschließende Röstreduktion auf.

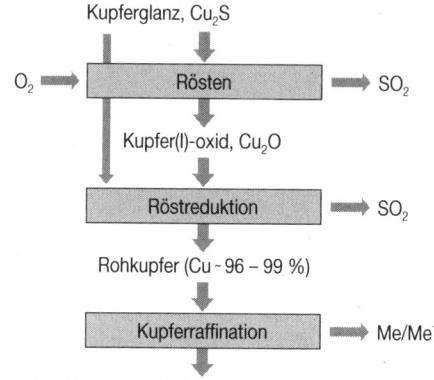

_____

_____

b) Erklären Sie, warum der zweite Schritt als Röstreduktion bezeichnet wird.

_____

_____

Das gewonnene Rohkupfer kann nicht unmittelbar in der Elektrotechnik-Elektronik eingesetzt werden. Die Verunreinigungen mit anderen Metallen und Arsen würden die elektrische Leitfähigkeit auf ein Minimum herabsetzen. Das Rohkupfer wird deshalb durch Raffination gereinigt.

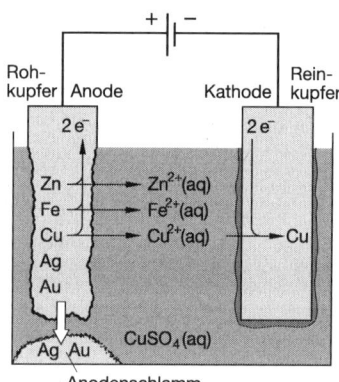

2. a) Stellen Sie die Reaktionsgleichung für die Anoden- und Kathodenreaktion auf.

Anode: _____

Kathode: _____

b) Begründen Sie, warum im Rohkupfer enthaltene unedle Metalle wie Eisen und Zink an der Kathode nicht abgeschieden werden.

_____

_____

3. a) Bei der Herstellung von Elektrolytkupfer aus Rohkupfer werden innerhalb von acht Stunden in einer Elektrolysezelle 60 kg Kupfer gewonnen. Berechnen Sie die erforderliche Stromstärke.

b) In der Praxis lässt es sich nicht vermeiden, dass nur ein Teil der zugeführten Energie für die Gewinnung von Reinstkupfer zur Verfügung steht. Berechnen Sie die Stromstärke, die erforderlich ist, wenn die wirkliche Stromausbeute η bezogen auf die Kupfergewinnung, nur 88 % beträgt.

c) Um zu erreichen, dass die edlen Metalle nicht oxidieren, sondern als Anodenschlamm zu Boden fallen, wird bei der Kupferraffination mit einer sehr kleinen Spannung gearbeitet. Bestätigen Sie die Aussage durch eine Rechnung. Gehen Sie davon aus, dass pro Kilogramm Kupfer 0,3 KWh an elektrischer Energie verbraucht werden.

Chemie heute S II

Aluminiumgewinnung durch Schmelzfluss-Elektrolyse

1. Ordnen und beschriften Sie die schematische Zeichnung einer Schmelzfluss-Elektrolysezelle zur Aluminiumgewinnung und geben Sie die Polung sowie die Richtung des Elektronen-Stromes an:

a) Graphit-Anoden
b) Graphit-Kathode
c) Elektrolytschmelze
d) Gemisch aus Aluminiumoxid und Kryolith
e) flüssiges Aluminium
f) Eisenwanne
g) bewegliche Anodenverbindung

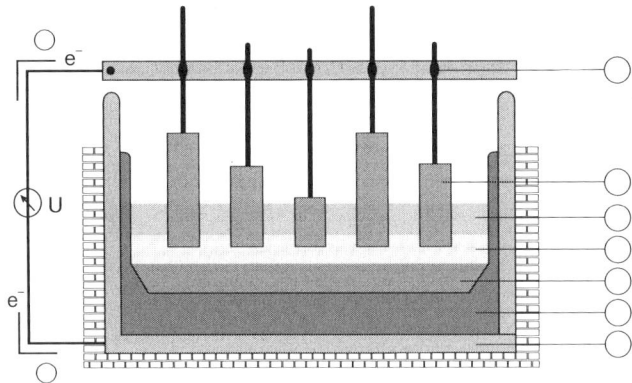

Schmelzfluss-Elektrolysezelle zur Aluminiumgewinnung

2. Formulieren Sie die an den Elektroden ablaufenden Teilreaktionen und fassen Sie diese zur Gesamtgleichung zusammen.

Anode: _____   Kathode: _____

Gesamtgleichung: _____

3. Geben Sie den Schmelzpunkt von Aluminiumoxid an: _____

4. Geben Sie die chemische Formel sowie die wissenschaftliche Bezeichnung für Kryolith an.

_____

5. Kryolith wird bei der Schmelzfluss-Elektrolyse dem Aluminiumoxid zugesetzt. Erläutern Sie, welche Eigenschaften von Komplexverbindungen genutzt werden und welcher entscheidende Effekt auftritt.

_____

_____

_____

_____

6. Der eigentliche Rohstoff für die Aluminiumgewinnung ist Bauxit. Dieses Mineral enthält neben Aluminiumhydroxid Verunreinigungen von Eisen(III)-oxid sowie Silicium- und Titan-Verbindungen. Erläutern Sie, wie die Abtrennung der Verunreinigungen erfolgt.

_____

_____

_____

_____

Redoxreaktionen und Elektrochemie

Ergänzen Sie die fehlenden Angaben zum Basiswissen.

Redoxreaktionen

Oxidation: _____

_____

Reduktion: _____

_____

Redoxreaktion: _____

_____

Oxidationsmittel: _____

Reduktionsmittel: _____

Beispiel: Disproportionierung

Oxidation: $MnO_4^{2-} \rightarrow MnO_4^- + $ _____

Reduktion: $MnO_4^{2-} + $ _____ $+ $ _____ $\rightarrow MnO_2 + $ _____

Elektrochemische Spannungsreihe

Ordnung der Halbzellen _____

_____

Bezugselektrode: Standard-Wasserstoff-Elektrode

mit $U_H^0 = $ _____ bei $c = $ _____,

$p(H_2) = $ _____

Elektrodenpotential entsteht _____

_____

Es bildet sich eine _____

Die Lage des Gleichgewichts _____

_____

Je höher das Elektrodenpotential, umso

_____

_____

Galvanische Zelle und Elektrolysezelle

Elektroden	Minuspol: _____ _____	Minuspol: _____ _____
	Pluspol: _____ _____	Pluspol: _____ _____
Elektrolyt-Lösung	Lösung enthält _____ Ionenwanderung: _____	
Energieumwandlung		

Chemie heute S II

© 2010 Schroedel, Braunschweig

Kreuzen Sie die richtigen Antworten an.

1. Oxidationszahlen
- A ❏ geben die tatsächliche oder die formale Ladung eines Atoms an.
- B ❏ sind ein Hilfsmittel zum Aufstellen aller Donator/Akzeptor-Reaktionen.
- C ❏ sind ein Hilfsmittel zur Vorhersage von Vorgängen in elektrochemischen Spannungsquellen.
- D ❏ entsprechen bei einfachen Ionen der Ionenladung.

2. In galvanischen Zellen
- A ❏ laufen erzwungene Reaktionen ab.
- B ❏ wird chemische Energie in elektrische Energie umgewandelt.
- C ❏ wird elektrische Energie in chemische Energie umgewandelt.
- D ❏ laufen freiwillige Redoxreaktionen ab.

3. Bei Redoxreaktionen
- A ❏ werden Elektronen übertragen.
- B ❏ gibt das Reduktionsmittel Elektronen ab.
- C ❏ ändern sich die Oxidationszahlen aller beteiligten Atome.
- D ❏ ist die Anzahl der abgegebenen Elektronen gleich der Summe der aufgenommenen Elektronen.

4. Metalle lassen sich vor Korrosion schützen
- A ❏ durch Einölen.
- B ❏ durch metallische Überzüge.
- C ❏ durch Behandlung mit Säuren.

5. Bei der elektrolytischen Raffination von Kupfer
- A ❏ gehen Silber(I)-Ionen in Lösung.
- B ❏ wird das Rohkupfer als Kathode geschaltet.
- C ❏ fällt Platin im Anodenschlamm an.
- D ❏ wird ein saurer Elektrolyt eingesetzt.

6. Die bei einer Elektrolyse abgeschiedene Stoffmenge hängt ab von
- A ❏ der Stromstärke.
- B ❏ der Temperatur.
- C ❏ der Zeit.
- D ❏ der geflossenen Ladungsmenge.

7. Bei Elektrolysen werden
- A ❏ Teilchen mit dem größten Abscheidungspotential am Minuspol reduziert.
- B ❏ Teilchen mit dem größten Abscheidungspotential am Minuspol oxidiert.
- C ❏ Teilchen mit dem größten Abscheidungspotential am Pluspol reduziert.
- D ❏ Teilchen mit dem kleinsten Abscheidungspotential am Minuspol oxidiert.

Vervollständigen Sie die Concept-Map zum Thema *Redoxreaktionen und Elektrochemie*.

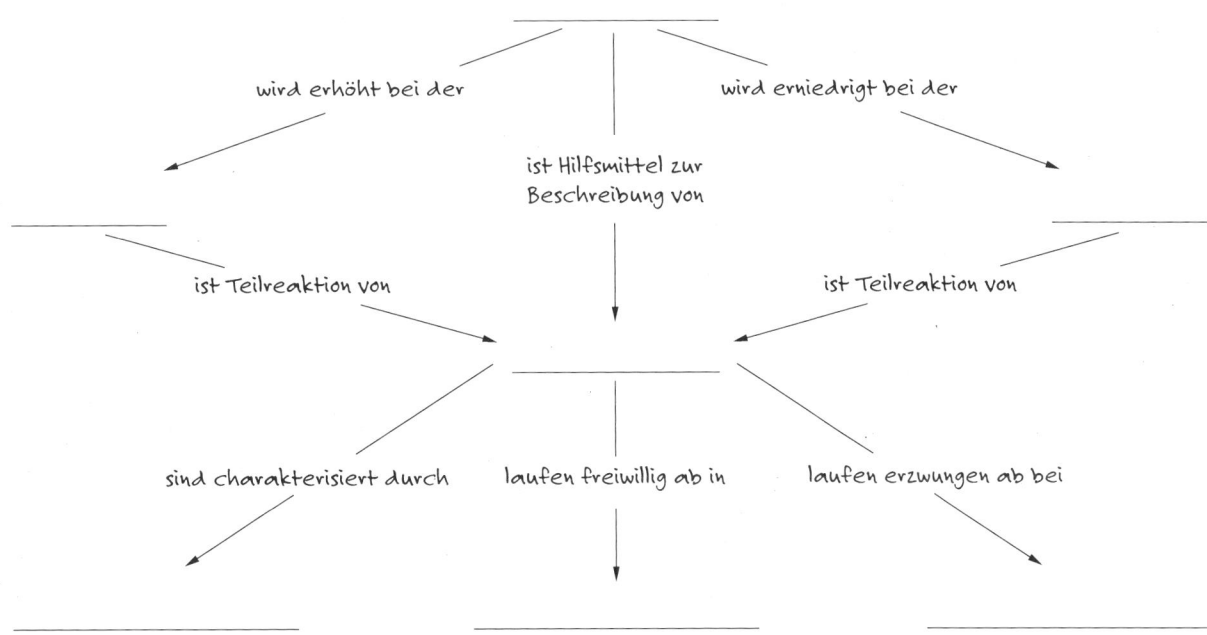

Kupfer – ein vielseitiges Metall

A1 Lösen Sie die folgenden Aufgaben mit Hilfe des Materials.

a) Bestimmen Sie die Oxidationszahlen aller Atome in den folgenden Kupferverbindungen und begründen Sie diese mit Hilfe der Elektronenkonfiguration: Kupferkies, Kupferstein und Kupferoxid.

b) Entwickeln Sie mit Material 1 eine Übersicht zur Gewinnung von 98%igem Kupfer hervor. Stellen Sie die Reaktionsgleichungen für die ablaufenden Reaktionen auf. Bestimmen und begründen Sie den jeweiligen Reaktionstyp. Geben Sie mindestens vier Verwendungen für Kupfer an.

c) Das entstehende SO_2 muss in der Chemieindustrie weiter verwendet oder unter Zugabe von Kalkstein in Gips umgewandelt werden. Begründen Sie die Notwendigkeit dieser Maßnahme.

d) Skizzieren Sie den Aufbau einer Elektrolysezelle zur Gewinnung von 99,99%igem Kupfer. Erläutern Sie die dabei ablaufenden Vorgänge und die Bildung der Nebenprodukte.
Berechnen Sie die Stromstärke einer solchen Elektrolysezelle, wenn in 24 Stunden 0,2 t Kupfer bei einer Stromausbeute von 85 % hergestellt werden. ($F = 26,8$ Ah $\cdot$ mol^{-1}; $n = \frac{I \cdot t}{z \cdot F}$)

e) Beschreiben Sie mithilfe einer Skizze die in Material 2 angegebene Kupferkorrosion. Erläutern Sie die dabei ablaufenden Vorgänge und begründen Sie, warum Kupfergefäße, die Jahrhunderte auf dem Meersboden lagen, noch sehr gut erhalten sind.

f) Skizzieren und beschriften Sie das in Material 2 angegebene galvanische Element. Erläutern Sie die dabei ablaufenden Reaktionen.

g) Vergleichen Sie das galvanische Element mit dem Lokalelement aus Material 2. Begründen Sie, dass die gemessene Spannung ein Maß für die Korrosionsstärke ist.

Material 1:
Gewinnung von Kupfer
Im ersten Schritt wird Kupferkies ($CuFeS_2$) mit Koks versetzt und unter Luftzufuhr auf 500 bis 1100 °C erhitzt. Als Hauptprodukte entstehen Kupferstein (Cu_2S) und Eisen(II)-sulfid. Die Nebenprodukte Eisen(III)-oxid (Fe_2O_3) und Schwefeldioxid werden abgetrennt.

Das flüssige Gemisch aus den Hauptprodukten wird anschließend unter Luftzufuhr in einen Konverter überführt. Zunächst wird das enthaltene Eisensulfid (FeS) zu Eisenoxid (FeO) geröstet und durch Zugabe von Quarz als Schlacke gebunden. Danach erfolgt die Oxidation des Kupfersteins zu Kupferoxid (Cu_2O). Im letzten Schritt setzt sich das Kupferoxid mit noch vorhandenem Kupferstein zu etwa 98%igem Kupfer um.

Kupfer mit höheren Reinheitsgraden wird durch Elektrolyse gewonnen. Unter dem Einfluss von Energie (U = 0,3 V) löst sich das Rohkupfer an der Anode auf und scheidet sich an der Kathode mit 99,99%iger Reinheit ab. Verwendet wird dabei ein schwefelsaurer Elektrolyt. Als Nebenprodukte erhält man im Anodenschlamm weitere Edelmetalle.

Material 2
Kupferkorrosion
Auf Kupferdächern lässt sich nach einiger Zeit ein grüner Überzug beobachten, der umgangssprachlich als Patina bezeichnet wird. Dabei handelt es sich ein Korrosionsprodukt des Kupfers mit Sauerstoff. Den gleichen Effekt erzielt man in einem Experiment, wenn man ein Kupferblech zur Hälfte in eine Ammoniumsulfat-Lösung eintaucht. Beginnend von der Grenzfläche her bildet sich nach einiger Zeit Patina. Lässt man diese Reaktion räumlich getrennt ablaufen, entsteht ein galvanisches Element: Cu/$(NH_4)_2SO_4$(aq) // C/H_2SO_4 (verdünnt). Die gemessene Spannung ist stark von der Sauerstoffkonzentration an der Kohleelektrode abhängig und beträgt etwa 470 mV.

Material 3
Auszug aus der elektrochemischen Spannungsreihe:

Redoxpaar	$\frac{U_0}{V}$	Redoxpaar	$\frac{U_0}{V}$
Cu^{2+}(aq) / Cu(s)	0,34	Cu^{2+}(aq) / Cu^+(aq)	0,16
Cu^+(aq) / Cu(s)	0,52	Ag^+(aq) / Ag(s)	0,80
Hg^{2+}(aq) / Hg(s)	0,85	O_2(g) + 4 H^+(aq) / 2 H_2O(l)	1,23
Au^{3+}(aq) / Au(s)	1,50	$S_2O_8^{2-}$(aq) / 2 SO_4^{2-}(aq)	2,01

Chemie heute S II

Strukturaufklärung

1. Geben Sie vier Verfahren zur Reindarstellung von Substanzen an.

_____

_____

2. Vervollständigen Sie die Übersicht.

Chemische Methoden ⟸ Strukturaufklärung ⟹ Instrumentelle Analytik

Reinsubstanz

| quantitative Elementaranalyse | ⟺ | Massenspektrometrie |

| Ermittlung der molaren Masse | ⟺ | IR-Spektroskopie |

| charakteristische Reaktionen | ⟺ | NMR-Spektroskopie |

| Abbaureaktionen | ⟺ | Röntgenstrukturanalyse |

Bestätigung der Struktur durch Synthese

Vervollständigen Sie die Tabelle.

Gemeinsamkeiten der chromatografischen Trennverfahren:

Trenn-verfahren	Trennprinzip	Anwendungsgebiet
Papier-Chromatografie		
Säulen-Chromatografie		
Dünnschicht-Chromatografie		
Gas-Chromatografie		

Acetylsalicylsäure in Schmerztabletten

Die meisten frei verkäuflichen Schmerztabletten enthalten als Wirkstoff Acetylsalicylsäure oder Paracetamol. Die Wirkstoffe lassen sich nach einer Extraktion aus den Tabletten chromatografisch trennen und können im UV-Licht identifiziert werden.

Untersuchen Sie, welche der vorgelegten Schmerztabletten den Wirkstoff Acetylsalicylsäure enthält.

Versuch: Dünnschichtchromatografische Untersuchung von Schmerzmitteln auf Acetylsalicylsäure

Materialien: DC-Trennkammer, Auftragekapillaren, DC Fertigplatten (Kieselgel mit Fluoreszenz-Indikator), UV-Lampe, Haartrockner, Mörser, Trichter, Filtrierpapier; verschiedene Schmerztabletten, Ethanol (**2, 7**), Fließmittel (Gemisch aus 60 ml Cyclohexan (**2, 7, 8, 9**), 5 ml Eisessig (**2, 5**), 5 ml Chloroform (**6, 8**; das Fließmittel wird von der Lehrkraft bereitgestellt); Acetylsalicylsäure-Vergleichslösung (50 mg Acetylsalicylsäure (**7**) in 10 ml Ethanol (**2, 7**)).

Durchführung:
1. Zerreiben Sie jeweils eine halbe Tablette der verschiedenen Schmerzmittel im Mörser.
2. Geben Sie das Pulver in ein Reagenzglas und versetzen Sie es mit 10 ml Ethanol. Schütteln Sie mit aufgesetztem Stopfen.
3. Filtrieren Sie das Gemisch.
4. Tragen Sie mit einer Kapillare je einen Tropfen der Filtrate und der Acetylsalicylsäure-Vergleichslösung auf. Lassen Sie die Folie trocknen.
5. Stellen Sie die Folie in die Trennkammer mit dem Fließmittel und setzen Sie den Deckel auf. Arbeiten Sie dabei unter dem Abzug.
6. Nehmen Sie die Folie aus der Trennkammer, wenn die Fließmittelfront kurz von der Oberkante der DC-Folie ist.
7. Lassen Sie die Folie unter dem Abzug trocknen.
8. Betrachten Sie die DC-Folie unter der UV-Lampe und markieren Sie die Flecken mit Bleistift.

Aufgaben:
a) Werten Sie das Chromatogramm aus und entscheiden Sie welche Schmerztabletten den Wirkstoff Acetylsalicylsäure enthalten. Überprüfen Sie Ihr Ergebnis anhand der Packungsbeilage des jeweiligen Medikaments.

b) Vergleichen Sie die Größe der markierten Flecken. Kann man mithilfe der Dünnschichtchromatografie auch eine Aussage über die in den Schmerztabletten enthaltene Menge an Acetylsalicylsäure machen?

Quantitative Elementaranalyse

Die qualitative Elementaranalyse einer organischen Verbindung lässt noch keine Aussage über deren Struktur und Eigenschaften zu. Daher ist auch die Ermittlung der Masseanteile mittels der **quantitativen Elementaranalyse** notwendig.

1. Für eine Verbindung sind Kohlenstoff, Wasserstoff und Sauerstoff nachgewiesen.

Die Bestimmung des Kohlenstoff- und Wasserstoffanteils erfolgt entsprechend nebenstehender Abbildung durch vollständige Verbrennung zu Kohlenstoffdioxid und Wasser.

Das Volumen von Kohlenstoffdioxid und die Masse von Wasser werden bei gegebener Temperatur und gegebenem Druck gemessen. Stellen Sie die Gleichungen auf, ermitteln Sie die Massen von Kohlenstoff und Wasserstoff im Normzustand und bestimmen Sie die Masse von Sauerstoff bei gegebener Masse der Ausgangssubstanz m (E).

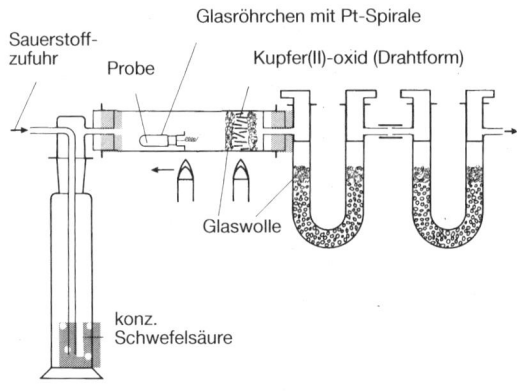

$V(CO_2)$ im Normzustand:

m (C):

m (H):

m (O):

2. Aus den Ergebnissen berechnet man die Verhältnisformel der Verbindung, indem man die Stoffmengen der beteiligten Elemente berechnet und durch die kleinste Stoffmenge dividiert. Geben Sie die allgemeine Gleichung zur Berechnung der Stoffmengen an.

3. Berechnen Sie für die folgenden Beispiele die Verhältnisformel.
a) Die unbekannte Verbindung besteht aus Kohlenstoff, Wasserstoff und Sauerstoff. Gemessen wurden: m (E) = 3,96 mg, $V(CO_2)$ = 25 ml und m (H_2O) = 3,9 mg (T = 293 K und p = 101,8 kPa).
b) Für einen Kohlenwasserstoff wurden die folgenden Werte ermittelt: m (E) = 7 mg, $V(CO_2)$ = 12,2 ml (T = 298 K und p = 101,6 kPa).

Chemie heute S II

Von der Verhältnisformel zur Summenformel

A. Bestimmung der molaren Masse von Flüssigkeiten (Verfahren nach V. MEYER):
Eine klassische Labormethode zur Bestimmung der molaren Masse von Stoffen, die sich ohne Zersetzung verdampfen lassen, hat Viktor MEYER entwickelt. Hierbei wird die Apparatur zunächst bis über die Siedetemperatur der Analysensubstanz aufgeheizt. Anschließend gibt man eine abgemessene Menge dieses Stoffes in einem kleinen Gläschen in den oberen Teil der Apparatur. Man verschließt die Apparatur und sorgt für Druckausgleich. Durch das Ziehen des Stiftes fällt die Substanz in den heißen Teil der Apparatur, wo sie verdampft. Das entstehende Gasvolumen kann nach Druckausgleich im Kolbenprober abgelesen werden.

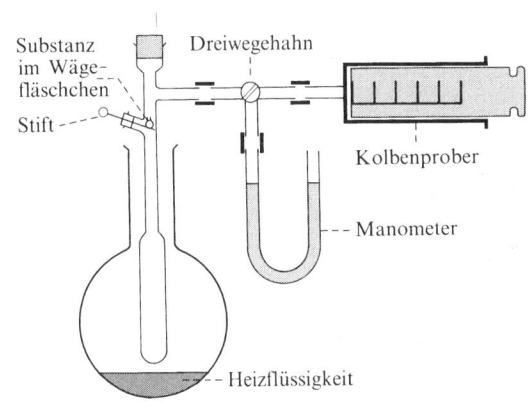

B. Bestimmung der molaren Masse von Gasen:
Von einer luftleeren Kugel mit bekanntem Volumen wird die Masse bestimmt. Anschließend wird sie vollständig mit dem zu untersuchenden Gas gefüllt und erneut die Masse ermittelt.

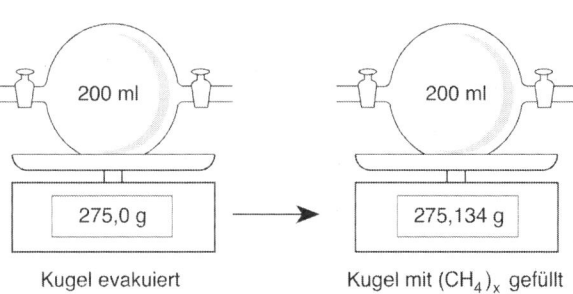

Kugel evakuiert   Kugel mit $(CH_4)_x$ gefüllt

1. Geben Sie die allgemeine Formel zur Berechnung der molaren Masse für beide Verfahren an.

$M =$

V (Kugel) = 200 ml; m (Kugel, evakuiert) = 275 g;
m (Kugel, gefüllt mit $(CH_4)_x$ = 275,134 g;
$V_m = 24 \frac{mol}{l}$

2. a) Die Verhältnisformel einer unbekannten Substanz lautet $[CH_4O]_x$. Im Verfahren A werden folgende Werte bestimmt: m (E) = 3,96 mg, V = 3 ml (bei T = 293 K, p = 101,8 kPa). Ermitteln Sie die molare Masse der unbekannten Substanz.

b) Die Vehältnisformel einer gasförmigen Substanz lautet $[CH_4]_x$. Ermitteln Sie die molare Masse anhand der Messergebnisse in der zweiten Abbildung.

3. Dividiert man den Zahlenwert der molaren Masse durch den Zahlenwert der molaren Masse der Verhältnisformel, so erhält man den Faktor x. Mit x multipliziert man die Verhältnisformel und erhält die Summenformel der organischen Substanz. Berechnen Sie die Summenformeln für die Substanzen aus Aufgabe 2.

Von der Summenformel zur Strukturformel

Der klassische Weg der Strukturaufklärung ist in nebenstehender Abbildung dargestellt. Dieser erfolgte ausschließlich über chemische Reaktionen und führt zur Strukturformel der unbekannten Substanz.

Als Ergebnis erhält man eine Aussage über die Gesamtstruktur der Verbindung. Im Anschluss daran müssen die Untersuchungsergebnisse durch Synthese der Substanz bestätigt werden.

Heute stehen neben den rein chemischen Methoden mit der Spektroskopie effektivere und aussagekräftigere Verfahren zur Verfügung.

Einfache Verbindungen werden aber auch heute noch auf dem klassischen Weg analysiert.

Reinsubstanz
→ Qualitative Elementaranalyse
enthaltene Elemente
→ Quantitative Elementaranalyse
Verhältnisformel
→ Ermittlung der molaren Masse
Summenformel
→ charakteristische Reaktionen
Strukturformel

Ergänzen Sie die Tabelle. Geben Sie eine Strukturformel für den organischen Stoff an.

Allgemeine Schritte	Experimentelle Ergebnisse (Beispiel)	Schlussfolgerungen/ Berechnungen für das Beispiel
1. Durchführung der qualitativen Elementaranalyse	– Verbrennung mit CuO: weißer Niederschlag in $Ba(OH)_2$ und Blaufärbung von $CuSO_4$ – negatives Ergebnis bei weiteren qualitativen Nachweisen	
2. Durchführung der quantitativen Elementaranalyse a) Berechnung der Massen der enthaltenen Elemente b) Berechnung der Stoffmengenverhältnisse der Elemente und der Verhältnisformel	– Verbrennung der organischen Substanz: – Einwaage: $m(E) = 0{,}612$ g; gemessene Werte: – $m(H_2O) = 0{,}306$ g, $V(CO_2) = 611{,}5$ ml, $T = 295$ K, $p = 102{,}3$ kPa	
3. Bestimmung der molaren Masse nach V. MEYER	Verdampfen der Substanz: Einwaage: $m(E) = 0{,}48$ g; $V(Substanz) = 79$ ml, $T = 295$ K, $p = 102{,}3$ kPa	
4. Aufstellen der Summenformel		
5. Experimentelle Ermittlung funktioneller Gruppen	– mit Borsäure grüner Flammensaum – mit FEHLING-Lösung gelbbrauner Niederschlag – mit Indikator Rotfärbung, positive Knallgasprobe	
6. Aufstellen einer theoretisch möglichen Strukturformel		

Chemie heute S II

Vier organische Substanzen (A–D) stehen in Reagenzgläsern bereit. Dabei handelt es sich um Methansäure (5 %, **7**), Ethansäure (5 %), 2-Methylpropan-2-ol (**2, 7**) und Propan-1-ol (**2, 5, 7**). Bestimmen Sie durch geeignete Nachweisreaktionen, in welchem Reagenzglas der jeweilige Stoff enthalten ist.
Für die Nachweise stehen folgende Chemikalien zur Verfügung: Universalindikator-Papier, Kaliumpermanganat-Lösung (1 %), verdünnte Schwefelsäure (5 %; **5, 7**).

1. Entwickeln Sie einen Versuchsplan, mit dem diese Stoffe eindeutig identifiziert werden können. Nutzen Sie für Recherchen das Lehrbuch und das Internet.

2. Führen Sie die Identifikation nach Rücksprache mit der Lehrkraft durch und ordnen Sie den Substanzen A–D die entsprechenden Stoffe zu. Protokollieren Sie Ihre Beobachtungen.

3. Erläutern Sie unter Einbeziehung von Reaktionsgleichungen den Nachweis für Methansäure. Benennen Sie die Reaktionsart.

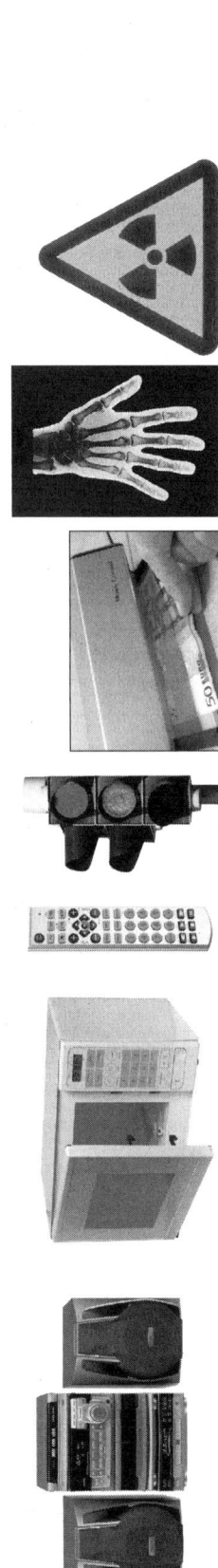

Strahlungsart	Radiowellen	Mikrowellen	IR-Strahlung	sichtbares Licht	UV-Strahlung	Röntgenstrahlung	g-Strahlung
Wellenlänge $\frac{\lambda}{m}$	10^4 10^2 10^0 (1 m)	10^{-2} (1 mm)	10^{-4} 10^{-6} (1 nm)		10^{-8}	10^{-10} (1 nm) 10^{-12} (1 pm)	10^{-14}
Frequenz $\frac{f}{s^{-1}}$	$3\cdot10^4$ $3\cdot10^6$ $3\cdot10^8$	$3\cdot10^{10}$	$3\cdot10^{12}$ $3\cdot10^{14}$		$3\cdot10^{16}$	$3\cdot10^{18}$ $3\cdot10^{20}$	$3\cdot10^{22}$
Energie $\frac{E}{J}$	$2\cdot10^{-29}$ $2\cdot10^{-27}$ $2\cdot10^{-25}$	$2\cdot10^{-23}$	$2\cdot10^{-21}$ $2\cdot10^{-19}$		$2\cdot10^{-17}$	$2\cdot10^{-15}$ $2\cdot10^{-13}$	$2\cdot10^{-11}$

1. Vervollständigen Sie die angegebenen Gleichungen.

Frequenz $f =$ _____

Energie $E =$ _____

molare Energie $E_m =$ _____

2. Geben Sie die Werte der Konstanten an.

Lichtgeschwindigkeit

$c =$ _____

PLANCKsches Wirkungsquantum

$h =$ _____

AVOGADRO-Konstante

$N_A =$ _____

3. Bariumnitrat erzeugt bei Feuerwerkskörpern die grüne Farbe. Die emittierte Strahlung hat dabei eine Wellenlänge von 455 nm. Berechnen Sie die Frequenz, die Energie und die molare Energie. Nutzen Sie Ihren Hefter.

4. Mikrowellenherde garen das Essen mit einer Strahlung von 12,25 cm Wellenlänge. Berechnen Sie die Energie. Nutzen Sie Ihren Hefter.

Chemie heute S II

Methoden zur Strukturaufklärung bei Doping-Kontrollen

1. Recherchieren Sie die Bedeutung des Begriffs *Doping*.

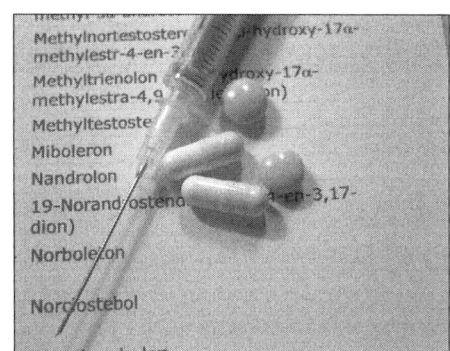

2. Bei der Dopingkontrolle geben die ausgewählten Athleten unter Aufsicht eine Urinprobe ab. Die Probe wird anschließend in eine A-Probe und eine B-Probe aufgeteilt und versiegelt. Im Kontrolllabor wird zunächst nur die A-Probe untersucht. Als erster Schritt erfolgt dazu eine Probenvorbereitung. Dabei wird der Wirkstoff beziehungsweise sein Stoffwechselprodukt aus dem Urin isoliert. Im Anschluss wird eine sogenannte Derivatisierung durchgeführt. Dieser Vorgang verbessert die chromatografischen Trenneigenschaften der Substanz. Im Anschluss an die Probenvorbereitung erfolgt die eigentliche Analyse. Sie lässt sich in zwei Verfahren einteilen, die massenspektroskopischen Verfahren und die komplementären Verfahren. Beim ersten Verfahren wird dem Massenspektrometer ein Trennsystem vorgeschaltet. Es handelt sich dabei häufig um einen Gas-Chromatografen. Mit diesem Analysesystem können die meisten Dopingmittel wie Amphetamine und anabole Steroide ermittelt werden. Bei den komplementären Methoden werden zur Identifizierung der Substanz vor allem selektive Antigen-Antikörper-Reaktionen eingesetzt. Mit diesem Verfahren lassen sich Peptidhormone wie Erythropoietin (EPO) und Wachstumshormone bestimmen.

Ist das Ergebnis der A-Probe positiv, wird die B-Probe untersucht. Erst wenn die B-Probe das Ergebnis der A-Analyse bestätigt, gilt der Athlet als positiv getestet.

Entwickeln Sie auf der Basis des Textes ein Fließschema zum Ablauf einer Dopingkontrolle.

3. Zeichnen und beschriften Sie in Ihrem Hefter eine Geräteanordnung für eine gekoppelte Analyse aus Gas-Chromatograf und Massenspektrometer.

Analyse von Drogen mittels IR-Spektroskopie

Bei einer routinemäßigen Zollkontrolle auf einer innerdeutschen Autobahn fanden die Beamten bei der Überprüfung der Ladung eines Kleintransporters eine Tüte mit 20 Stück Würfelzucker. Dieser für Laien eher unspektakuläre Fund erregte die Aufmerksamkeit der Fahnder, da er auf den Besitz oder den Handel mit Drogen hindeutet. So wird beispielsweise die Droge LSD (Lysergsäurediethylamid) meist auf Trägerstoffe wie Zuckerstücke, Fließpapier oder Tabletten, aufgebracht wird. Die Beamten beschlagnahmten den Fund und veranlassten die Festnahme des Fahrers. Im Labor wurde der sichergestellte Würfelzucker analysiert. Die Untersuchung mittels IR-Spektroskopie lieferte das folgende Spektrum:

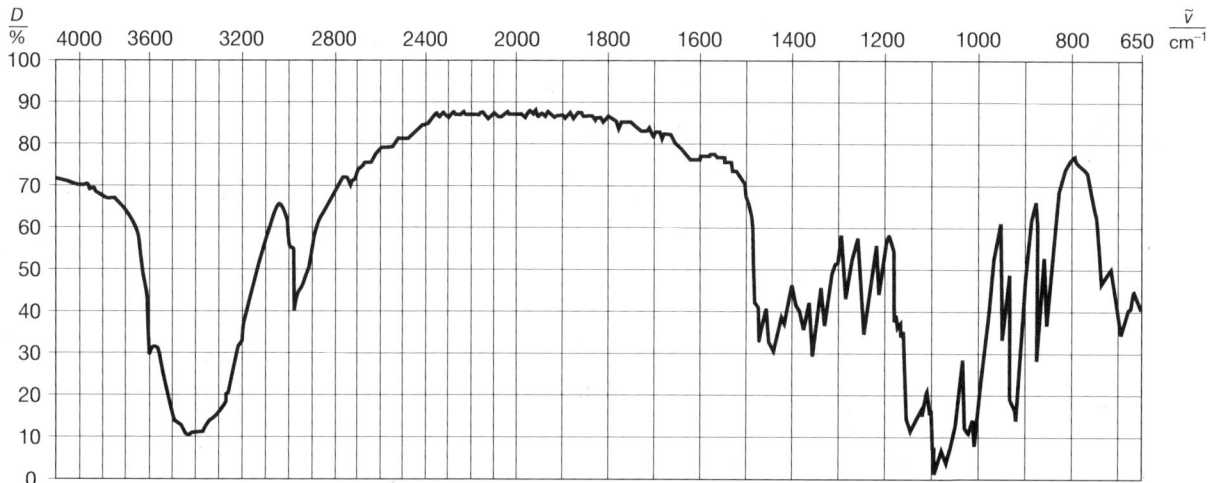

Strukturformel von Lysergsäurediethylamid (LSD)

Strukturformel von Saccharose

Chemie heute S II

1. Beschreiben Sie das für die Analyse des Würfelzuckers eingesetzte Verfahren der IR-Spektroskopie.

_____

_____

_____

_____

_____

2. Werten Sie das Spektrum aus und ziehen Sie aus dem Fall entsprechende Schlussfolgerungen.

_____

_____

_____

Schwarzbrenner

Bei einer Razzia in einer Schwarzbrennerei wurden große Mengen an 95%igem Alkohol sichergestellt. Zwei Wochen zuvor wurde von einem ortsansässigen pharmazeutischen Betrieb ein Lastwagen mit Ladung als gestohlen gemeldet. Laut Aussage des Betriebsleiters handelte es sich bei der Ladung um Ethanol mit einer Verunreinigung von 0,4% 2-Butanon. Der Alkohol stammte aus der Lösungsmittelrückgewinnung und war für die Wiederaufarbeitung in einem Zweigbetrieb bestimmt.

1. Geben Sie die Strukturformeln für 2-Butanon und Ethanol an. Ordnen Sie diese Stoffe den IR-Spektren a und b zu und geben Sie die Schlüsselbanden an, mit deren Hilfe Sie die Zuordnung vornehmen. Geben Sie ferner die Atomgruppe an, die für die entsprechende Bande verantwortlich ist.

2. Prüfen Sie mit dem Spektrum c, ob zwischen den beiden beschriebenen Fällen ein Zusammenhang besteht.

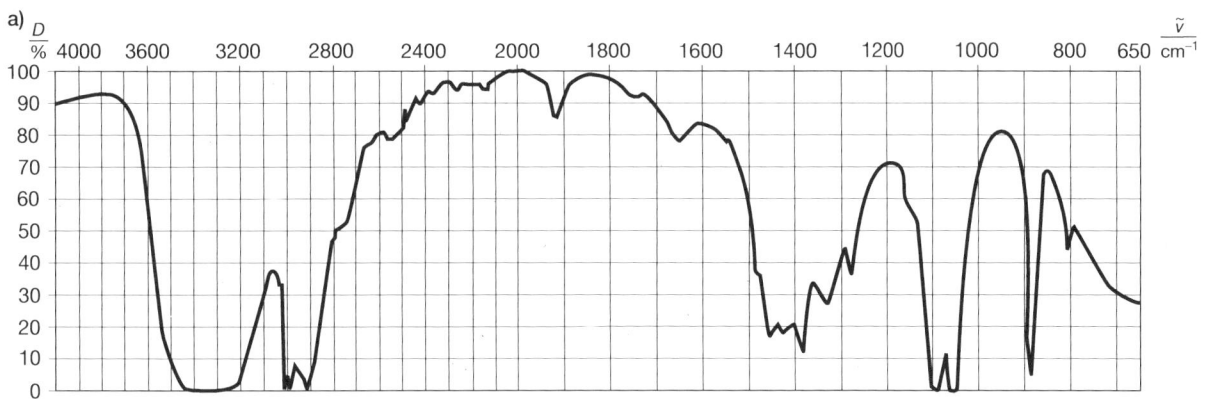

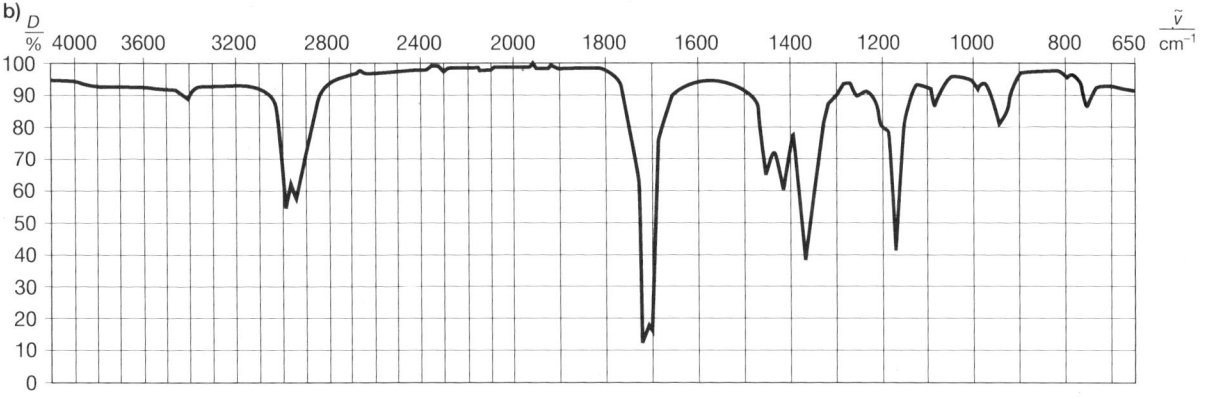

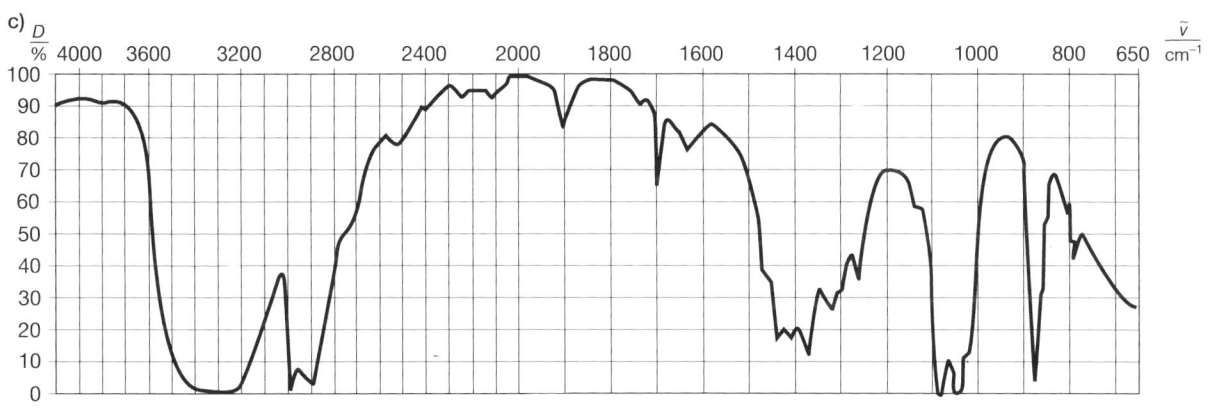

Analyse eines unbekannten Schmerzmittels

Ein Pharmaziestudent bekam in einem Praktikum die Aufgabe, den Wirkstoff eines ihm unbekannten Schmerzmittels zu analysieren. Laut Arbeitsanleitung war ihm nur bekannt, dass es sich bei dem Wirkstoff um einen in 1,2-Stellung substituierten Aromaten handelt.

Die quantitative Elementaranalyse ergab folgende Massenanteile: C: 60 %; H: 4,48 %; O: 35,5 % und eine molare Masse von 180 g · mol^{-1}.

Zur genauen Strukturanalyse untersuchte der Student den Wirkstoff mithilfe der IR-Spektroskopie und der ^{1}H-NMR-Spektroskopie. Entwickeln Sie auf der Basis der erhaltenen Messergebnisse die Strukturformel des Wirkstoffs. Recherchieren Sie den Namen des Wirkstoffs. Nutzen Sie für die Lösung Ihren Hefter.

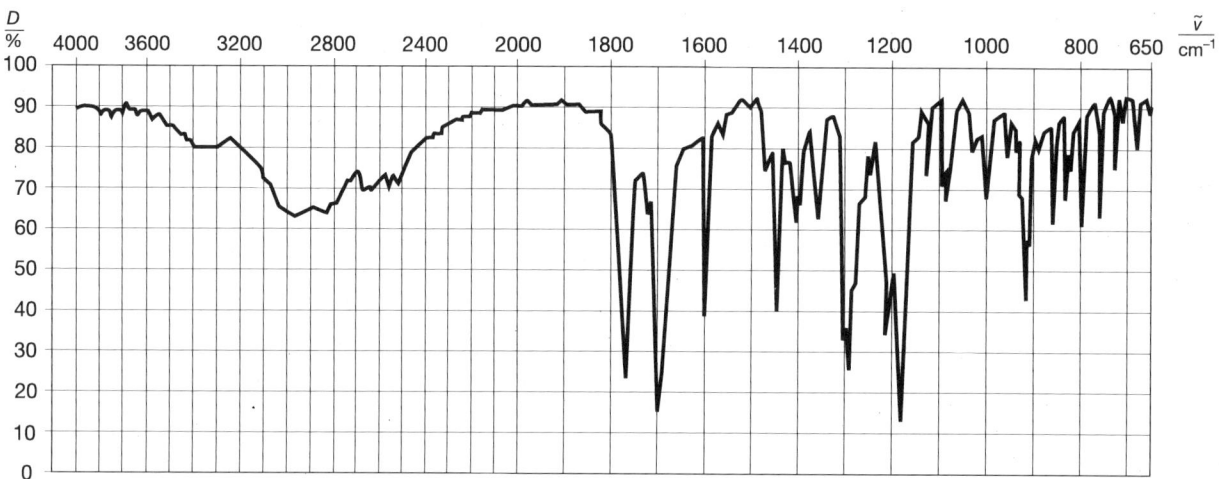

IR-Spektrum des Wirkstoffs

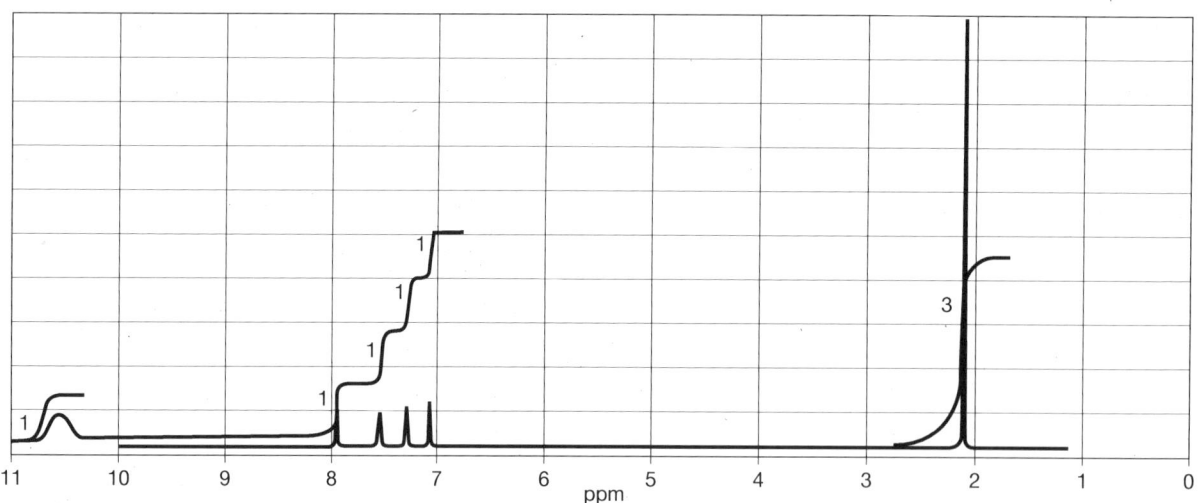

^{1}H-NMR-Spektrum des Wirkstoffs

Signal δ in ppm	0,0	0,8 – 1,0	2,00 – 2,70	3,6 – 4,0	6,80 – 7,25	7,25 – 8,20	oberhalb 10,0
Gruppe	TMS	R–CH$_3$	–CO–CH$_3$	Ar–O–CH$_3$	Ar–OH	Ar–H	Ar–COOH

Chemische Verschiebung von funktionellen Gruppen für die NMR-Spektroskopie

1. Geben Sie die Strukturformel der unbekannten Verbindung an, die in dem Massenspektrum dargestellt ist. Ergänzen Sie dazu Strukturformeln und Molekülmassen im Fragmentierungsschema. Ordnen Sie die Peaks im Massenspektrum den jeweiligen Ionen zu.

Massenspektrum

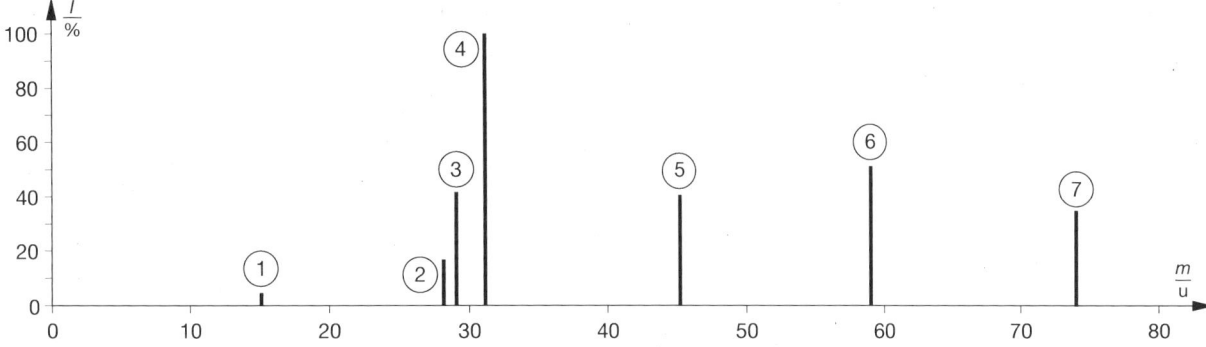

Fragmentierungsschema

2. Erläutern Sie, warum das Ethen-Molekül nicht registriert wird.

_____

_____

Strukturaufklärung

Ergänzen Sie die fehlenden Angaben zum Basiswissen.

Chromatografie

Bedeutung der Chromatografie:

_____

_____

Das Trennprinzip beruht auf:

_____

_____

_____

elektromagnetische Strahlung

Zusammenhang zwischen Wellenlänge und Frequenz:

$c =$ _____

Energie elektromagnetischer Strahlung:

$E =$ _____

Strukturaufklärung durch chemische Methoden

qualitative Elementaranalyse führt zu:

_____

quantitative Elementaranalyse führt zu:

_____

Ermittlung der molaren Masse führt zu:

_____

Beispiele für typische Nachweise funktioneller

Gruppen:

• _____

• _____

Spektroskopie im UV und IR-Beeich

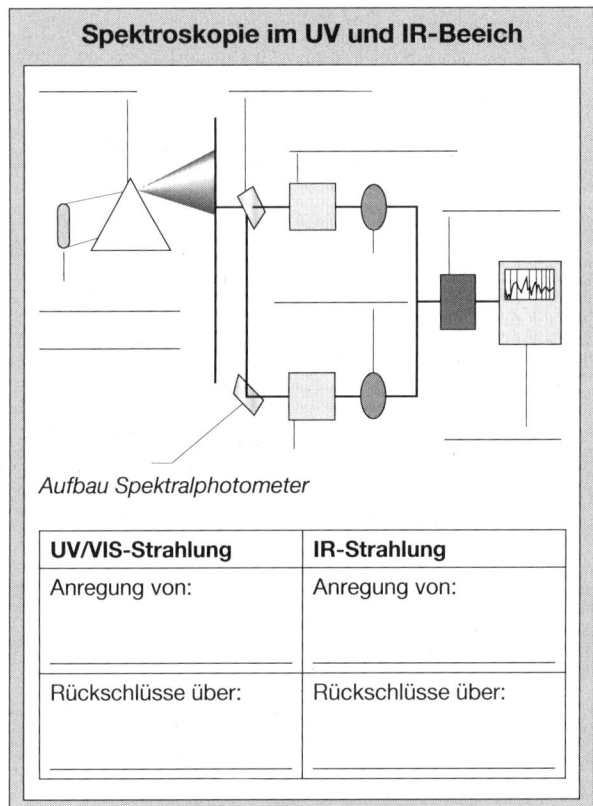

Aufbau Spektralphotometer

UV/VIS-Strahlung	IR-Strahlung
Anregung von:	Anregung von:
Rückschlüsse über:	Rückschlüsse über:

Massenspektrometrie

Funktionsweise Massenspektrometer:

_____

_____

_____

_____

_____

NMR-Spektroskopie

Anregung von:

_____

Anregungsenergie ist abhängig von:

_____

_____

Rückschlüsse über:

_____

Chemie heute S II

Kreuzen Sie die jeweils richtigen Antworten an.

1. Zu den chemischen Methoden der Struktur-
aufklärung gehören
A ❑ NMR-Spektroskopie,
B ❑ quantitative Elementaranalyse,
C ❑ Ermittlung der molaren Masse,
D ❑ Röntgenstrukturanalyse.

2. Chromatografische Verfahren werden
eingesetzt zur
A ❑ Trennung von Stoffgemischen,
B ❑ Bestimmung funktioneller Gruppen,
C ❑ Gewinnung von Reinstoffen,
D ❑ Identifizierung von Molekülbruch-
stücken.

3. Beim Verfahren der Gas-Chromatografie
A ❑ können größere Stoffportionen getrennt
werden,
B ❑ lassen sich Gase und leicht verdampf-
bare Substanzen trennen,
C ❑ treten Luft-Peaks auf,
D ❑ ist die mobile Phase eine Flüssigkeit.

4. Aus den Ergebnissen der quantitativen
Elementaranalyse kann man
A ❑ die am Aufbau der organischen Substanz
beteiligten Atomarten bestimmen,
B ❑ die Molekülformel der organischen
Substanz berechnen,
C ❑ die dreidimensionale Struktur der
Verbindung ermitteln,
D ❑ die Verhältnisformel der organischen
Substanz berechnen.

5. Bei der UV/VIS-Spektroskopie
A ❑ werden Wasserstoff-Atomkerne
angeregt,
B ❑ werden v. a. delokalisierte Elektronen
in π-Bindungen angeregt,
C ❑ erhält man Linienspektren,
D ❑ erhält man Bandenspektren.

6. Bei der IR-Spektroskopie
A ❑ werden Schwingungen und Rotationen
angeregt,
B ❑ erlauben Schlüsselbanden Rückschlüsse
auf funktionelle Gruppen,
C ❑ wird im Spektrum die Extinktion gegen
die Wellenlänge aufgetragen,
D ❑ werden Moleküle ionisiert.

Erstellen Sie zu den spektroskopischen Verfahren ein Mind Map.

Chemie des Bombardierkäfers

A1 Bombardierkäfer gehören zur Familie der Laufkäfer und werden 5 bis 15 mm lang. Typisch für diese auch in Mitteleuropa mit sechs Arten vertretenen Tiere, ist der im Hinterleib liegende Explosionsapparat. Bei Gefahr wird dem Angreifer ein reizendes, übelriechendes und nahezu 100°C heißes Gemisch mit hörbarem Knall entgegengesprüht. Grundlage für diesen Abwehrmechanismus ist eine chemische Reaktion in der Explosionskammer im Hinterleib: Wasserstoffperoxid reagiert dabei mit einer organischen Substanz X, die aus den Elementen Kohlenstoff, Wasserstoff und Sauerstoff besteht.

a) Bei der quantitativen Elementaranalyse ergeben 3 g der aus den Käfern isolierten Substanz X 7,20 g CO_2 und 1,47 g H_2O. Berechnen Sie die Verhältnisformel.

b) Bei einer Temperatur von 290°C und einem Druck von 1013 hPa wird die Dampfdichte der Substanz X bestimmt. Sie beträgt $2,38 \text{ g} \cdot l^{-1}$. Berechnen Sie die molare Masse.

c) Zur näheren Bestimmung der Struktur der Verbindung wird das IR-Spektrum der Substanz X betrachtet. Werten Sie das IR-Spektrum aus. Geben Sie die Schlüsselbanden und die Atomgruppe an, die für die entsprechende Bande verantwortlich ist.

d) Im nächsten Schritt wird das ^{1}H-NMR-Spektrum aufgenommen. Werten Sie das Spektrum aus.

e) Geben Sie die Strukturformel und den Namen der Verbindung X an. Formulieren Sie die Reaktionsgleichung für diese enzymkatalysierte Reaktion. *Hinweis:* Ein Reaktionsprodukt ist eine organische Substanz, die im IR-Spektrum eine Schlüsselbande bei 1680 cm^{-1} aufweist.

Material 1
IR-Spektrum der unbekannten Substanz

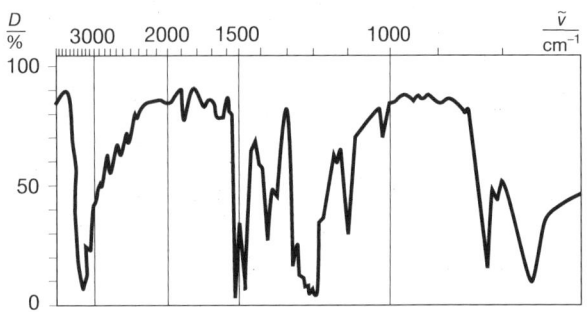

Material 2
^{1}H-NMR-Spektrum der unbekannten Substanz

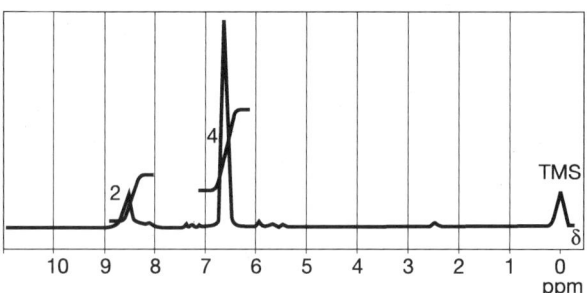

Analyse einer unbekannten Substanz

A2 Ein Chemiestudent analysiert eine ihm unbekannte organische Substanz. Die quantitative Elementaranalyse und die Bestimmung der molaren Masse ergab die Summenformel $C_4H_8O_2$. Der Student führte zusätzlich Nachweisreaktionen mit der Probe durch. Dabei konnte er weder eine Reaktion mit wässriger Brom-Lösung noch mit Natrium beobachten. Im IR-Spektrum der unbekannten Substanz zeigen sich deutliche Banden zwischen 1650 cm^{-1} und 1750 cm^{-1}, sowie zwischen 1200 cm^{-1} und 1300 cm^{-1}.

a) Ziehen Sie aus den Versuchsergebnissen Schlussfolgerungen über die Struktur der unbekannten organischen Substanz.

b) Geben Sie drei mögliche Strukturformeln für die Substanz an und benennen Sie diese.

c) Zur genauen Entscheidung, welche der drei Substanzen die unbekannte Probe ist, erhitzt der Student die Verbindung mit konzentrierter Natronlauge unter Rückfluss zum Sieden. Formulieren Sie eine allgemeine Reaktionsgleichung für diese Umsetzung.

d) Ein Reaktionsprodukt destilliert der Student unmittelbar nach der Umsetzung mit Natronlauge ab. Entscheiden Sie, um welche Stoffklasse es sich dabei handelt.

e) Dem zweiten Produkt der Umsetzung mit Natronlauge setzt der Student vor der Destillation einen Überschuss an Schwefelsäure zu. Begründen Sie diese Maßnahme.

f) 0,1 g der bei der zweiten Destillation gewonnenen Substanz löst der Student in Wasser. Für die Neutralisation verbraucht er 16,8 ml Natronlauge ($c = 0,1 \text{ mol} \cdot l^{-1}$). Berechnen Sie aus diesen Ergebnissen die molare Masse der Substanz.

g) Schlussfolgern Sie, welche unbekannte Substanz der Student zu Beginn des Praktikums erhalten hat.

Chemie heute S II

Bei den folgenden Beispielaufgaben handelt es sich um Teile von Abiturprüfungen. Jede Aufgabe umfasst dabei die Anforderungsbereiche I, II und III, wobei der Schwerpunkt in allen Fällen auf dem Anforderungsbereich II liegt.

Anforderungsbereich I: Die *Reproduktion* beinhaltet die Wiedergabe von gelerntem Wissen.

Anforderungsbereich II: Bei der *Reorganisation* wird erlerntes Wissen auf eine neue, aber ähnliche Situation angewandt.

Anforderungsbereich III: *Transfer* ist die Übertragung von gelerntem Wissen auf eine völlig neue Situation.

Zur Orientierung ist neben den Anforderungsbereichen auch die vorgesehene Bearbeitungszeit angegeben.

Aufgabe A

Thema	Säure/Base-Reaktionen
Themenbereiche	Säure/Base-Gleichgewichte, Titration und Rücktitration
Niveau	Leistungskurs
Basiskonzept(e)	Donator/Akzeptor-Konzept, Struktur/Eigenschafts-Konzept

Material 1

Eierschalen enthalten Calciumcarbonat. Ein Gramm getrocknete, fein zerstoßene Eierschalen werden mit 200 ml Salzsäure der Konzentration $c(\text{HCl}) = 0,1 \text{ mol} \cdot \text{l}^{-1}$ versetzt. Man beobachtet eine Gasentwicklung. Nach deren Abklingen werden 50 ml der Probe entnommen und mit Natronlauge der Konzentration $c(\text{NaOH}) = 0,1 \text{ mol} \cdot \text{l}^{-1}$ titriert. Es werden 15 ml Natronlauge verbraucht.

Aufgabenstellung

1. Entwickeln Sie das Reaktionsschema für die ablaufende Reaktion zwischen der fein zerstoßenen und getrockneten Eierschale und der Salzsäure.
2. Erläutern Sie anhand der entwickelten Reaktionsgleichungen die Lage des Gleichgewichts.
3. Erklären Sie die Gasentwicklung und die saure Reaktion der Lösung vor der Titration. Beschreiben Sie das Prinzip dieser Reaktion.
4. Bestimmen Sie den Anteil an Calciumcarbonat in einem Gramm der untersuchten Eierschale.

Zugelassene Hilfsmittel
Periodensystem der Elemente

Anforderungsbereiche

Aufgabe	Anforderungsbereiche	Bearbeitungszeit
1	I und II	15 min
2	II und III	30 min
3	I und II	30 min
4	II und III	25 min

Checkliste

Was sollten Sie wissen?	Alles klar?
Säure/Base-Reaktion nach BRÖNSTED	
Prinzip der Titration und der Rücktitration	
Konzentrationsberechnungen	
Lage des Gleichgewichts bei einer Säure/Base-Reaktion	

Erwartungshorizont
Zu Aufgabe 1
– Reaktionsschema in Ionenschreibweise entwickeln.

Zu Aufgabe 2
– Ablaufende Reaktion als Gleichgewichtsreaktion interpretieren und Lage des Gleichgewichts bestimmen.

Zu Aufgabe 3
– Gasentwicklung sowie Prinzip der Titration und Rücktitration erklären.

Zu Aufgabe 4
– Anteil an Calciumcarbonat aus dem Titrationsergebnis berechnen.

Lösungen in Stichpunkten zum Vergleichen
Zu Aufgabe 1
$$2\,\text{H}_3\text{O}^+(\text{aq}) + 2\,\text{Cl}^-(\text{aq}) + \text{Ca}^{2+}(\text{aq}) + \text{CO}_3^{2-}(\text{aq}) \rightleftharpoons$$
$$\text{H}_2\text{CO}_3(\text{aq}) + 2\,\text{Cl}^-(\text{aq}) + \text{Ca}^{2+}(\text{aq}) + \text{H}_2\text{O}(\text{l})$$

Zu Aufgabe 2
Das Gleichgewicht der Reaktion zwischen Calciumcarbonat und Salzsäure liegt auf der Seite der Produkte, da Kohlensäure und Wasser im Vergleich zu Hydronium-Ion und Carbonat-Ion die schwächere Säure bzw. Base darstellen.

Zu Aufgabe 3
Die Kohlensäure zersetzt sich zu Wasser und Kohlenstoffdioxid, das aus der Probelösung entweicht. Die saure Reaktion der verbleibenden Lösung ist ausschließlich auf überschüssige Salzsäure zurückzuführen. Diese wird nach dem Prinzip der Rücktitration mit Natronlauge titriert. Aus der Stoff-

Chemie heute S II

© 2010 Schroedel, Braunschweig

menge der benötigten Lauge kann man auf die Stoffmenge der noch vorhandenen Säure, damit auf die Stoffmenge der in der ersten Reaktion verbrauchten Säure und schließlich auf die Stoffmenge von Calciumcarbonat schließen.

Zu Aufgabe 4

Vor der Reaktion werden 50 ml Salzsäure mit 50 ml Natronlauge neutralisiert. Nach der Reaktion sind nur noch 15 ml nötig, d. h. 35 ml der Salzsäure haben mit dem Kalk reagiert.

– 35 ml Salzsäure enthalten 0,0035 mol Hydronium-Ionen

$n(CaCO_3)$ in 50 ml $= \frac{1}{2} n(HCl) = 0{,}00175$ mol

In 200 ml Lösung waren

$4 \cdot 0{,}00175$ mol $= 0{,}007$ mol $CaCO_3$ enthalten

$m(CaCO_3) = n(CaCO_3) \cdot M(CaCO_3)$
$= 0{,}007$ mol $\cdot 100$ g $\cdot$ mol^{-1}

1 g Eierschale enthalten 0,7 g Calciumcarbonat.

Aufgabe B

Thema	Brennstoffzellen
Themenbereiche	Elektrochemie in Alltag und Technik
Niveau	Leistungskurs
Basiskonzept(e)	Energie-Konzept, Donator/Akzeptor-Konzept

Material 1

Brennstoffzellen gelten als umweltfreundliche Energiewandler, mit denen sich Wirkungsgrade von bis zu 80 % erreichen lassen. Die bei der Oxidation freiwerdende Energie wird direkt in elektrische Energie umgewandelt. Der Brennstoff muss ständig von außen zugeführt werden. Technisch sehr ausgereift sind die Wasserstoff/Sauerstoff-Brennstoffzellen. Als Elektrode verwendet man Nickel-Elektroden, die mit porösem Palladium überzogen sind. Als Elektrolyt-Lösung kann entweder Kalilauge oder Schwefelsäure-Lösung beziehungsweise Phosphorsäure-Lösung dienen. Die alkalische Brennstoffzelle hat einen höheren Wirkungsgrad, kann aber nur mit reinem Sauerstoff betrieben werden, während die saure Brennstoffzelle auch mit Luft arbeitet.

Aufgabenstellung

1. Erläutern Sie mithilfe einer geeigneten Skizze, die Reaktionsschritte, die bei der Oxidation von Wasserstoff ablaufen. Zeigen Sie dabei die katalytische Funktion des Palladiums auf. Geben Sie die entsprechenden Reaktionsschritte für die Oxidation von Wasserstoff in saurer Lösung an.

2. Formulieren Sie die Gleichungen für die Oxidation und die Reduktion bei der Verwendung einer sauren und einer alkalischen Elektrolyt-Lösung.

3. Berechnen Sie die Elektrodenpotentiale der Brennstoffzelle bei pH = 2 und pH = 14.

4. Erklären Sie, warum sich der Kohlenstoffdioxid-Gehalt der Luft in einer alkalischen Elektrolyt-Lösung störend bemerkbar macht, in einer sauren dagegen nicht.

Zugelassene Hilfsmittel

Periodensystem der Elemente

Anforderungsbereiche

Aufgabe	Anforderungsbereiche	Bearbeitungszeit
1	I und II	25 min
2	I, II und III	25 min
3	II und III	25 min
4	I und III	15 min

Checkliste

Was sollten Sie wissen?	Alles klar?
Wirkungsweise heterogener Katalysatoren	
Galvanische Zellen	
Konzentrationsabhängigkeit von Elektrodenpotentialen	
NERNSTsche Gleichung	

Erwartungshorizont

Zu Aufgabe 1

– katalytische Funktion des Palladiums erläutern.
– Reaktionsschritte für die Oxidation beschreiben und erläutern.

Zu Aufgabe 2

– Reaktionsgleichungen für die in der Brennstoffzelle ablaufenden Reaktionen aufstellen unter Berücksichtigung des vorliegenden Milieus.

Zu Aufgabe 3

– Elektrodenpotentiale für unterschiedliche Elektrolyt-Lösungen berechnen.

Zu Aufgabe 4

– erkennen, dass sich Kohlenstoffdioxid unter Bildung von Carbonaten in alkalischen Lösungen löst und es zu einer Verschiebung des pH-Werts kommt.

Lösungen in Stichpunkten zum Vergleichen

Zu Aufgabe 1

Reaktionsschritte bei der Oxidation von Wasserstoff an der negativen Elektrode:

1. Adsorption von H_2-Molekülen an Palladium
2. Spaltung der Moleküle zu H-Atomen
3. Ionisierung durch Elektronenabgabe
4. Hydratation der entstandenen Protonen

Die katalytische Funktion des Palladiums beruht auf der Adsorption und Chemisorption der Wasserstoff-Moleküle.

Reaktionsschritte in saurer Lösung

Adsorption: $\qquad\qquad\qquad H_2(g) \rightarrow H_2(ad)$

Spaltung (Chemisorption): $\quad H_2(ad) \rightarrow 2\,H(ad)$

Elektronenabgabe: $\quad 2\,H(ad) \rightarrow 2\,H^+(ad) + 2\,e^-$

Hydratation: $\quad 2\,H^+(ad) + 2\,H_2O(l) \rightarrow 2\,H_3O^+(aq)$

Zu Aufgabe 2

Reaktion in saurer Elektrolyt-Lösung:

Oxidation $\quad 2\,H_2(g) + 4\,H_2O(l) \rightarrow 4\,H_3O^+(aq) + 4\,e^-$

Reduktion $\quad O_2(g) + 4\,H_3O^+ + 4\,e^- \rightarrow 6\,H_2O(l)$

Gesamt $\qquad 2\,H_2(g) + O_2(g) \rightarrow 2\,H_2O(l)$

Reaktion in alkalischer Elektrolyt-Lösung:

Oxidation $\quad 2\,H_2(g) + 4\,OH^-(aq) \rightarrow 4\,H_2O(l) + 4\,e^-$

Reduktion $\quad O_2(g) + 2\,H_2O(l) + 4\,e^- \rightarrow 4\,OH^-(aq)$

Gesamt $\qquad 2\,H_2(g) + O_2(g) \rightarrow 2\,H_2O(l)$

Zu Aufgabe 3

Berechnung der Elektrodenpotentiale:

$$E(H_2/H_3O^+) = 0\,V + 0{,}059\,V \cdot \lg c(H_3O^+)$$
$$= -0{,}059\,V \cdot pH$$

$$E(H_2O/O_2) = 1{,}23\,V + \frac{0{,}059\,V}{4} \cdot \lg c(H_3O^+)^4$$
$$= 1{,}23\,V - 0{,}059\,V \cdot pH$$

pH	$E(H_2/H_3O^+)$	$E(H_2O/O_2)$
2	−0,118 V	+1,112 V
14	−0,826 V	+0,40 V

Ein Vergleich der Werte zeigt, dass die Potentiale der Sauerstoff-Elektrode und der Wasserstoff-Elektrode sind in gleicher Weise pH-abhängig sind. Daher ist die Differenz der Elektrodenpotentiale, also die Zellspannung, konstant.

Zu Aufgabe 4

Kohlenstoffdioxid löst sich in alkalischer Lösung unter Bildung von Carbonaten.

$$CO_2(g) + 2\,OH^-(aq) \rightarrow CO_3^{2-}(aq) + H_2O(l)$$

Bei Luftzufuhr steigt die Konzentration an Carbonat-Ionen in der alkalischen Lösung an und die Konzentration an Hydroxid-Ionen sinkt. Als Folge davon nimmt die elektrische Leitfähigkeit ab. In saurer Elektrolyt-Lösung dagegen wird Kohlenstoffdioxid nicht unter Bildung von Carbonaten gelöst.

Aufgabe C

Thema	Verfahren zur Strukturaufklärung
Themenbereiche	Elementaranalyse
Niveau	Grundkurs
Basiskonzept(e)	Struktur-Eigenschafts-Konzept

Material 1

Zur Bestimmung einer unbekannten organischen, flüssigen Substanz wurden eine qualitative und eine quantitative Elementaranalyse vorgenommen. Es wurde weiterhin ein Massenspektrum der Substanz aufgenommen.

a) Die Verbrennungsprodukte der organischen Flüssigkeit wurden durch Kalkwasser geleitet, dieses trübte sich.

b) Das Verbrennungsprodukt wurde durch ein gekühltes U-Rohr geleitet, an dessen Innenwand kondensierte eine farblose Flüssigkeit.

c) Nach Erhitzen der organischen Flüssigkeit mit etwas konzentrierter Natronlauge wurde über die aufsteigenden Dämpfe rotes Lackmuspapier gehalten. Man beobachtete keine Verfärbung.

d) Die Zugabe von etwas Iod führte zu einer Gelbbraunfärbung der Lösung.

e) Nach Erhitzen der organischen Lösung mit konzentrierter Natronlauge wurde über die aufsteigenden Dämpfe Bleiacetatpapier gehalten und dieses blieb farblos.

f) Bei 150°C und 950 hPa nahmen 0,5 g der gasförmigen organischen Substanz ein Volumen von 578 ml ein.

g) Nach dem Erhitzen von 0,1 g der organischen Flüssigkeit in Anwesenheit von Kupferoxid (CuO) nahm das entstandene Gas nach Abkühlung auf 25°C bei 970 hPa ein Volumen von 80 ml ein.

h) Im Massenspektrum traten folgende Peaks auf:

Masse/Ladung	33	32	31	30	29	28	15	14
Intensität in %	2	72	100	9	45	11	15	2

Aufgabenstellung

1. Erläutern Sie anhand der Untersuchungsergebnisse der qualitativen Analyse, welche Elemente die unbekannte organische Lösung enthält und welche Elemente nicht enthalten sein können.

2. Interpretieren Sie das Ergebnis der Untersuchungen f) und g).
3. Leiten Sie aus den Ergebnissen der Untersuchung a) bis g) die Summenformel der Substanz her. Erläutern Sie, ob man auf eine dieser Untersuchungen für die Bestimmung der Summenformel verzichten könnte.
4. Zeichnen Sie das Massenspektrum der Substanz. Ordnen Sie den einzelnen Peaks die jeweiligen Molekülfragmente zu.

Zugelassene Hilfsmittel
Periodensystem der Elemente

Anforderungsbereiche

Aufgabe	Anforderungsbereiche	Bearbeitungszeit
1	I und II	20 min
2	II und III	15 min
3	II und III	40 min
4	II	15 min

Checkliste

Was sollten Sie wissen?	Alles klar?
Nachweise von Kohlenstoff, Wasserstoff, Sauerstoff, Stickstoff und Schwefel	
Allgemeine Gasgleichung; Zusammenhang zwischen Stoffmenge, Stoffportion und molarer Masse	
Quantitative Bestimmung	
Grundlagen der Massenspektrometrie	

Erwartungshorizont
Zu Aufgabe 1
– aus den Ergebnissen das Vorhandensein verschiedener Elemente begründet ableiten
– erklären der nicht vorliegenden Elementen aus den Beobachtungsergebnissen

Zu Aufgabe 2
– mithilfe der allgemeinen Gasgleichung die Molmasse eines Stoffes berechnen sowie Stoffmengenverhältnisbestimmung aus den Ergebnissen des experimentellen Untersuchung

Zu Aufgabe 3
– Summenformel begründet ableiten

Zu Aufgabe 4
– Massenspektrum zeichnen und einzelne Peaks zuordnen

Lösungen in Stichpunkten zum Vergleichen
Zu Aufgabe 1
Die Trübung von Kalkwasser ist ein Nachweis für Kohlenstoffdioxid. Die unbekannte Substanz enthält Kohlenstoff. Bei der kondensierten Flüssigkeit handelt es sich um Wasser. Folglich ist in der Substanz Wasserstoff enthalten. Die Gelbbraunfärbung bei Iodzugabe weist Sauerstoff nach. Bei Abwesenheit von Sauerstoff würde sich die Lösung violett färben. Keine Verfärbung des roten Lackmuspapiers bedeutet, dass kein Stickstoff in der Substanz enthalten ist. Bei Anwesenheit von Stickstoff würde sich Lackmuspapier aufgrund der Bildung von Ammoniak blau verfärben. Das Ausbleiben einer Schwarzfärbung des Bleiacetatpapiers ist ein Beleg für die Abwesenheit von Schwefel.

Zu Aufgabe 2
Durch Einsetzen der Werte in die allgemeine Gasgleichung erhält man $M = 32 \ g \cdot mol^{-1}$.

Experiment g) dient zur Bestimmung der Anzahl an Kohlenstoff-Atome in der Summenformel. Neben Kohlenstoffdioxid entstehen als weitere Produkte Wasser und Kupfer. Aus der eingesetzten Stoffportion $m = 0,1 \ g$ und der molaren Masse $M = 32 \ g \cdot mol^{-1}$ berechnet sich n(Substanz):
n(Substanz) $= 0,1 \ g/32 \ g \cdot mol^{-1} = 0,003125 \ mol$
Bei der Reaktion mit CuO werden x · 0,003125 mol CO_2 gebildet, wobei x ein Vielfaches der Anzahl der C-Atome in der unbekannten Substanz ist. Das Verhältnis der Stoffmengen von Kohlenstoffdioxid und der organischen Substanz ergibt demnach die gesuchte Zahl an Kohlenstoff-Atome. Bei der Reaktion wurden 80 ml CO_2 gebildet. Aus der allgemeinen Gasgleichung errechnet sich die Stoffmenge von n(CO_2) $= 0,003133 \ mol$, daraus ergibt sich das Stoffmengenverhältnis: n(CO_2) : n(Substanz) ≈ 1, Ein Molekül der Substanz enthält also ein C-Atom.

Zu Aufgabe 3
Da die Substanz die Summenformel CH_4O hat, kann nur maximal ein O-Atom gebunden sein. Andernfalls würde die molare Masse ($M = 32 \ g \cdot mol^{-1}$) überschritten.
Auf Untersuchung g) könnte man verzichten, da in der qualitativen Analyse Kohlenstoff und Sauerstoff nachgewiesen wurden und die molare Masse berechnet wurde kann nur maximal ein Sauerstoff-Atom mit einem Kohlenstoff-Atom gebunden sein.

Zu Aufgabe 4
Massenspektrum zeichnen und Peak zuordnen.